Giulia de Savorgnani

# Chiaro!

## Conosciamo l'Italia

Landeskunde für den Unterricht
und für zu Hause



Hueber Verlag

Per Chiara e Alessandro, nella speranza che l'Italia in cui vivranno possa essere il Paese dei loro sogni. E per i due Paesi che sono per me la patria del cuore.



3. 2. 1. | Die letzten Ziffern
2019 18 17 16 15 | bezeichnen Zahl und Jahr des Druckes.
Alle Drucke dieser Auflage können, da unverändert, nebeneinander benutzt werden.
1. Auflage

Coverfoto: Murano-Glas © Thinkstock/iStock/Gianni Furlan; Murano © fotolia/Serg Zastavkin
Redaktion: Valerio Vial, München
Layout und Satz: Sieveking • Agentur für Kommunikation, München
Druck und Bindung: PHOENIX PRINT GmbH, Deutschland
Printed in Germany
ISBN 978-3-19-355427-7

Art. 530_18374_001_01

# Vorwort

Schauen Sie sich das Coverfoto an: Worum handelt es sich wohl bei diesem kunstvollen Farbenspiel? Richtig: Das ist eine Murrina, ein künstlerisches Glas von besonderer Feinheit, das von venezianischen Glasmachern auf der Insel Murano nach einer sehr alten Tradition hergestellt wird. Blättern Sie nun weiter und erfahren Sie mehr über dieses und ähnliche Themen. Und wenn Sie die Murrina gar nicht erkannt haben? Kein Problem – «Chiaro! Conosciamo l'Italia» kann Abhilfe schaffen.

Wenn Sie Italienisch lernen und Ihre Kenntnisse über Land und Leute vertiefen möchten, dann ist «Chiaro! Conosciamo l'Italia» genau das richtige Produkt für Sie!

**Für wen ist «Chiaro! Conosciamo l'Italia» gedacht?**
Das Buch richtet sich an Italienischlernende der Niveaus A1 bis B1, die ihre landeskundlichen Kenntnisse erweitern und ihre interkulturelle Kompetenz vertiefen wollen. Es kann begleitend zum Lehrwerk *Chiaro!* oder lehrwerksunabhängig – zum Beispiel in Konversations- oder Auffrischungskursen – eingesetzt werden, eignet sich aber auch zum Selbstlernen.

**Was ist «Chiaro! Conosciamo l'Italia»?**
Das Buch enthält 30 thematische Kapitel zu landeskundlichen Themen, die Ihnen die Möglichkeit bieten, Italien, seine Gesellschaft, seine Kultur und seine Geschichte näher kennenzulernen. Des Weiteren liefert es spannende Denkanstöße, sich mit der Welt der Zielsprache und auch mit «Ihrer eigenen Welt» auseinanderzusetzen. Jedes Kapitel enthält außerdem Übungen, damit Sie Ihre Sprachkenntnisse vertiefen und ausbauen können. Sie können das Leseverstehen trainieren sowie den Wortschatz reaktivieren und erweitern. Zahlreiche Sprechanlässe fördern zudem die mündliche Kommunikation und die Interaktion.

**Wie ist «Chiaro! Conosciamo l'Italia» aufgebaut?**
Das Buch ist den Kompetenzniveaus entsprechend in drei Teile gegliedert – A1, A2 und B1 – die anhand der Farbe leicht zu erkennen und zu finden sind. Jeder Teil enthält thematische Kapitel mit ansteigendem Schwierigkeitsgrad: 4 für das Niveau A1, 10 für das Niveau A2 und 16 für das Niveau B1. Jedes Kapitel beleuchtet einen Aspekt der italienischen Kultur, Geschichte oder Gesellschaft und bietet neben informativen Texten auch Übungen zum Leseverstehen, zur Wortschatzarbeit und zur mündlichen Produktion. So können Sie Ihr landeskundliches Wissen und Ihre Sprachkenntnisse parallel vertiefen und Ihre interkulturelle Kompetenz ausbauen. Ihre Lösungen zu den Übungen können Sie dann anhand des Lösungsschlüssels im Anhang überprüfen. Eine Liste mit thematischem Wortschatz rundet das Kapitel ab. Jedes Kapitel bildet eine in sich geschlossene Einheit, die je nach Lernbedarf auch einzeln bearbeitet werden kann.

*Buona lettura e buon lavoro!*
Autorin und Verlag

# Infos für Lehrende und Lernende

«Chiaro! Conosciamo l'Italia» eignet sich ideal als ergänzendes Zusatzmaterial zum Lehrwerk *Chiaro!*, kann aber selbstverständlich auch lehrwerksunabhängig verwendet werden. Sein flexibler Einsatz empfiehlt sich in folgenden Fällen:

Als Aktivierung und Vertiefung (mit Schwerpunkt Lesen, Sprechen und interkulturelle Kompetenz) **am Ende des Niveaus A1 und A2**

Als Auffrischung und Vertiefung (mit Schwerpunkt Lesen, Sprechen und interkulturelle Kompetenz) für **Kurse auf Niveau B1**

| | | |
|---|---|---|
| Für **Lerner auf Niveau A1** (im Zusammenhang mit *Chiaro! A1*) | *Chiaro! A1* | *Conosciamo ... A1* |
| | nach Lektion 8 | Kapitel 1 |
| | nach Lektion 8 | Kapitel 2 |
| | nach Lektion 8 | Kapitel 3 |
| | nach Lektion 10 | Kapitel 4 |
| Für **Lerner auf Niveau A2** (im Zusammenhang mit *Chiaro! A2*) | *Chiaro! A2* | *Conosciamo ... A2* |
| | nach Lektion 2 | Kapitel 1 |
| | nach Lektion 2 | Kapitel 2 |
| | nach Lektion 3 | Kapitel 3 |
| | nach Lektion 4 | Kapitel 4 |
| | nach Lektion 4 | Kapitel 5 |
| | nach Lektion 6 | Kapitel 6 |
| | nach Lektion 8 | Kapitel 7 |
| | nach Lektion 10 | Kapitel 8 |
| | nach Lektion 10 | Kapitel 9 |
| | nach Lektion 10 | Kapitel 10 |
| Für **Lerner auf Niveau B1** (im Zusammenhang mit *Chiaro! B1*) | *Chiaro! B1* | *Conosciamo ... B1* |
| | nach Lektion 3/4 | Kapitel 1 |
| | nach Lektion 3/4 | Kapitel 2 |
| | nach Lektion 5 | Kapitel 3 |
| | nach Lektion 6 | Kapitel 4 |
| | nach Lektion 7 | Kapitel 5 |
| | nach Lektion 8 | Kapitel 6 |
| | nach Lektion 9 | Kapitel 7 |
| | nach Lektion 9 | Kapitel 8 |
| | nach Lektion 10 | Kapitel 9 |
| | nach Lektion 10 | Kapitel 10 |
| | nach Lektion 10 | Kapitel 11 |
| | nach Lektion 10 | Kapitel 12 |
| | nach Lektion 10 | Kapitel 13 |
| | nach Lektion 10 | Kapitel 14 |
| | nach Lektion 10 | Kapitel 15 |
| | nach Lektion 10 | Kapitel 16 |

# Inhalt

# Tipps für Lehrende und Lernende

**Tipps für Lerner:**

- Setzen Sie sich nicht unter Druck, wenn Sie etwas nicht sofort verstehen.
- Konzentrieren Sie sich nicht auf die unbekannten Vokabeln, sondern suchen Sie nach Wörtern, die Sie bereits kennen und versuchen Sie, den Text zunächst einmal grob zu verstehen.
- Lesen Sie jeden Text mehrmals. Versuchen Sie dabei, Schlüsselwörter und Hauptaussagen zu erkennen.
- Verlassen Sie sich beim Lesen nicht nur auf Ihre Sprachkenntnisse, sondern setzen Sie auch Ihre Lebenserfahrung und Ihre Fantasie ein.
- Verwenden Sie die thematischen Wortschatzlisten nicht nur zum Nachschlagen oder zum Vokabellernen, sondern versuchen Sie mithilfe der Listen Ihr eigenes thematisches Mini-Wörterbuch zu erstellen.

**Tipps für Selbstlerner:**

- Bitte lösen Sie die Aufgaben in der vorgesehenen Reihenfolge. Den Lösungsschlüssel finden Sie im Anhang.
- Jedes Kapitel bildet eine in sich geschlossene Einheit, die Sie je nach Lernbedarf und Interessen auch einzeln bearbeiten können.
- Sie können die Foto-Doppelseiten am Anfang der drei Sektionen – A1, A2, B1 – zur Einstimmung auf die Lektüre verwenden. Schauen Sie sich die Bilder an: Welche Themen fallen Ihnen spontan dazu ein? Was wissen Sie bereits zu diesen Themen? Welche Fragen kommen Ihnen dazu in den Sinn? Welche Themen interessieren Sie am meisten? Mit welchen möchten Sie sich zuerst beschäftigen?
- Mehrere Kapitel sind in Blöcke unterteilt. Sie müssen also nicht das komplette Kapitel in einer «Sitzung» durchnehmen. Gönnen Sie sich lieber eine Pause und fahren Sie später mit frischer Energie und klarem Kopf fort.
- Die Partner- und Gruppenarbeit können Sie gegebenenfalls weglassen oder, wenn möglich, als freie schriftliche Aufgabe lösen.

**Tipps für Lehrer:**

- Jedes Kapitel bildet eine in sich geschlossene Einheit, die sich thematisch an den Lektionen von *Chiaro!* orientiert und auch einzeln bearbeitet werden kann. Wenn Sie «Chiaro! Conosciamo l'Italia» lehrwerksunabhängig in Konversations- oder Auffrischungskursen verwenden, können Sie je nach Lernbedarf und Interessen der Kursteilnehmer auch die Reihenfolge der Kapitel innerhalb der drei Teile (A1, A2 und B1) ändern.
- Jeder der drei Buchteile hat sozusagen ein eigenes Cover – eine Doppelseite mit einer Foto-Collage. Hier finden Sie einige Bilder, die später in den verschiedenen Kapiteln wieder auftauchen werden. Diese Doppelseite soll als Einstieg in den jeweiligen Abschnitt dienen. Fordern Sie die Kursteilnehmer dazu auf, sich die Fotos anzuschauen und fragen Sie sie, welche Themen ihnen spontan dazu einfallen. Sammeln Sie Ideen nach der Brainstorming-Methode: Jeder Vorschlag wird auf Folie / Tafel / Flipchart oder Powerpoint festgehalten und dabei noch nicht kommentiert. Versuchen Sie, zügig zu arbeiten, damit das Ideen-Sammeln anregend bleibt. Bilden Sie dann Gruppen und bitten Sie die Kursteilnehmer, sich näher mit den Fotos und den von ihnen genannten Themen zu beschäftigen: Was wissen sie bereits zu diesen Themen? Welche Fragen kommen ihnen dazu in den Sinn? Anschließend

sammeln Sie die Ergebnisse wieder in Plenum und schließen die Einführung mit zwei «Schlüsselfragen» ab: Welche Themen interessieren die Kursteilnehmer am meisten? Warum? Notieren Sie sich die Antworten und benutzen Sie sie als «Leitfaden» für Ihre eigene Vorbereitung auf die einzelnen Kapitel und für die weitere Kursplanung.

- Die Gruppenarbeit kann kreativer werden, wenn Sie die Fotos in Farbe kopieren und jede Gruppe mit einem Foto-Satz, einem Poster, Klebstoff und Filzstiften ausstatten. Die Kursteilnehmer können dann die Fotos aufkleben und als Bildunterschrift die Ideen, Themen und Informationen notieren, die sie mit dem jeweiligen Foto verbinden. So wird das Schreiben gleich mitgeübt. Jede Gruppe stellt anschließend ihr Poster vor und erläutert es. Idealerweise werden die Poster zum Schluss an die Wand gehängt, damit man auch in Zukunft auf sie Bezug nehmen kann.
- Um die Arbeitsformen zu variieren, können Sie das Brainstorming als Gruppenarbeit gestalten. Fertigen Sie Farbkopien der Fotos an, schneiden Sie sie aus und stecken Sie jeden Foto-Satz in ein Kuvert. Sie sollten die Fotos am besten laminieren, damit Sie sie auch für andere Übungen wieder verwenden können. Die Kursteilnehmer sollen die Fotos auf dem Tisch ausbreiten, diejenigen auswählen, die ihr Interesse wecken und in ihrer Gruppe darüber diskutieren: Warum finden sie ein bestimmtes Foto interessant? Was fällt ihnen dazu ein? Was möchten sie gern darüber herausfinden? Die so entstandenen Ideen und Assoziationen werden anschließend in Plenum ausgetauscht und diskutiert.

Zusätzliche Aktivitäten

- Wenn Sie Farbkopien der Fotos anfertigen, sie ausschneiden und laminieren, können Sie sie immer wieder verwenden – unter anderem auch zur Wortschatzarbeit. Sie können zum Beispiel ein Spiel nach dem Domino-Prinzip anfertigen. Jede Gruppe erhält ein Set von beschrifteten Karten und Fotos und fügt damit ein Domino zusammen. Dazu müssen sie den passenden Begriff zu dem jeweiligen Bild legen bzw. umgekehrt. So lassen sich Begriffe, die zu einem bestimmten Thema (z. B. *Musik*) gehören, spielerisch wiederholen.
- Ein Domino kann selbstverständlich auch nur mit beschrifteten Karten angefertigt werden.
- **B1, Kap. 2, Punkt 2a:** Sie können die Texte kopieren, ausschneiden und in Kuverts stecken. Bilden Sie dann Gruppen von 6 Personen. Jede Gruppe erhält ein Kuvert mit den 6 Ausschnitten (alle durcheinander). Die Texte werden in der Gruppe verteilt und zunächst individuell gelesen, um die Hauptaussagen zu erkennen. Jeder Teilnehmer berichtet dann mit eigenen Worten über den Inhalt seines Textes. Anschließend versucht die Gruppe die Texte chronologisch zu ordnen. Geben Sie den Teilnehmern dafür ca. 15 Minuten Zeit. Überprüfen Sie dann im Plenum die Lösung. Ist diese richtig, sollen die Teilnehmer die Texte in ihrem Buch nummerieren und in der richtigen Reihenfolge individuell lesen. Hat noch keine Gruppe die richtige Lösung, so arbeiten Sie im Plenum weiter und führen die Klasse zur Lösung. Anschließend werden die Texte ebenfalls nummeriert und in der richtigen Reihenfolge gelesen. Dann fahren Sie mit Punkt 3 fort.
- **B1, Kap. 14, Punkt 1:** Fertigen Sie Farbkopien der Fotos an und lassen Sie die Kursteilnehmer paarweise zu jeder abgebildeten Person eine Lebensgeschichte erfinden.

CASINO · MUNICIPALE

A1

# UN PAESE A FORMA DI...

**1** **Siete mai stati in Italia? Che luoghi avete visitato? Quali bellezze naturali avete visto? Parlatene con alcuni compagni.**

**2** **a** **Che forma ha l'Italia? Leggete i nomi di questi luoghi, mettete in ordine le lettere evidenziate e scoprite la parola che manca nel titolo dell'unità.**

Adriatico | Alpi | Appennini | Campidano | Etna | Garda
Gran Sasso | Ischia | Lampedusa | Maremma | Monte Bianco
Po | Tevere | Trasimeno | Vesuvio | Stromboli | Tavoliere | Tirreno

L'Italia è un Paese a forma di _ _ _ _ _ _ _ _.

**b** **Secondo voi, che cosa sono? Abbinate i nomi del punto 2a alle categorie.**

| Monti | Pianure | Mari | Fiumi | Laghi | Vulcani | Isole |
|---|---|---|---|---|---|---|
| | | | | | | |

**3** **a** **Scrivete nelle righe ____ la parola che avete scoperto al punto 2, poi completate i testi. Aiutatevi con i nomi del punto 2a e con la cartina fisica a pag. 111.**

1

### Caratteristiche generali

È possibile vivere in uno ____________? Sì, è possibile: basta abitare in Italia. Il nostro Paese è una penisola che assomiglia a uno ____________ lungo circa 1200 chilometri, fra il continente e il mare: il Nord è «ancorato» al continente europeo, mentre il Centro e il Sud «nuotano» nel Mediterraneo. Questa posizione geografica è importante anche per l'identità degli italiani.

Le Alpi sono il confine naturale e il collegamento con quattro paesi europei: la ____________ a ovest, la ____________ e l' ____________ a nord e la ____________ a est. Ma per arrivare in ____________ non è necessario attraversare le Alpi, basta passare per Gorizia o Trieste. Dentro i confini d'Italia ci sono anche due stati stranieri: la ____________, all'interno di Roma, e la Repubblica di ____________, nelle Marche, vicino a Riccione. Agli altri tre lati della penisola ci sono quattro mari che fanno parte del Mediterraneo: l' ____________ a est, lo ____________ a sud-est, il ____________ a ovest e il Mar ____________ a nord-ovest. Il mare è molto importante per l'Italia perché dà forma alle coste, condiziona il clima e – con i suoi prodotti e le possibilità di scambi commerciali – influenza l'organizzazione sociale. Sono italiane anche due isole grandi, la ____________ e la ____________, e molte isole piccole nella parte occidentale, come Pantelleria e Lampedusa a sud della Sicilia o Ischia nel mar Tirreno. L'Adriatico invece ha poche isole.

**b Mettete in ordine le lettere.**

**Vita sull'acqua**

Alcune città italiane importanti sono nate sui fiumi: Roma sul ____________ (EVERET), Firenze sull' ___________ (NORA), Bologna sul __________ (ONER), Verona sull' __________ (GAIDE), Torino sul ________ (OP). Un caso particolare è quello di Venezia, che si trova in una __________ (GANALU). L'Italia ha circa 8000 km di ____________ (ESTOC), alcune alte e rocciose, altre basse e sabbiose.

**c Completate le parole mancanti.**

**Pianure**

La pianura P _ _ A _ _ è un grande triangolo che si trova fra le _ L _ _ e gli _ _ _ _ N _ _ _ I, tocca quattro regioni (Piemonte, Lombardia, Veneto ed Emilia-Romagna) e si chiama così perché in questa zona scorre il Po. In questa pianura si sono sviluppate l'agricoltura e l'industria. La seconda pianura italiana è il _ A _ _ L _ _ R _ delle Puglie, nella regione che occupa il tacco dello ___________ . Altre pianure abbastanza grandi sono, per esempio, la M _ _ _ M _ _ in Toscana e il C _ _ P _ _ _ _ O in Sardegna.

**4** **Trovate le soluzioni. Poi completate lo schema in basso con le lettere che vedete dopo le soluzioni giuste e scoprite il nome di un lago che si trova sugli Appennini, in Umbria.**

1 Qual è l'ordine giusto dal più alto al più basso?
- ☐ a Monte Rosa – Monte Bianco – Cervino (PO)
- ☐ b Monte Bianco – Monte Rosa – Cervino (TR)
- ☐ c Cervino – Monte Rosa – Monte Bianco (MA)

2 Qual è l'ordine giusto dal più grande al più piccolo?
- ☐ a Lago di Garda – Lago Maggiore – Lago di Como (A)
- ☐ b Lago Maggiore – Lago di Como – Lago di Garda (E)
- ☐ c Lago di Garda – Lago di Como – Lago Maggiore (U)

3 Che cosa si trova a Chianciano, Abano, Montecatini, Salsomaggiore e Ischia?
- ☐ a Vulcani (D)
- ☐ b Lagune (G)
- ☐ c Acque termali (S)

Lago | | | | | | | |

4 Il Gran Sasso, la Maiella e l'Aspromonte fanno parte
- ☐ a delle Alpi. (A)
- ☐ b degli Appennini. (I)
- ☐ c delle Dolomiti. (O)

5 Il Gran Sasso e la Maiella si trovano
- ☐ a in Umbria. (MU)
- ☐ b nelle Marche. (MA)
- ☐ c in Abruzzo. (ME)

6 L'Aspromonte si trova
- ☐ a in Puglia. (R)
- ☐ b in Calabria. (N)
- ☐ c in Sicilia. (P)

7 Quali due vulcani sono delle isole?
- ☐ a Vesuvio e Stromboli. (E)
- ☐ b Vulcano e Stromboli. (O)
- ☐ c Vesuvio ed Etna. (U)

**5** **L'Italia si trova fra due continenti (Eurasia e Africa), per questo ci sono i vulcani. E che cosa succede ancora per lo stesso motivo? Leggete i luoghi e le date qui sotto e parlatene in gruppo. Poi trovate il nome italiano di questo fenomeno.**

Sicilia (Messina, 1908; Valle del Belice, 1968)
Abruzzo (Avezzano, 1915; L'Aquila, 2009)
Friuli (1976) Campania (Irpinia, 1980)
Umbria (1997) Emilia (2012)

OTOMERRET ____________________

**6** **In coppia, inserite gli elementi geografici di questa unità nella cartina fisica a pag. 111. Poi preparate sei domande sulla geografia d'Italia (attenzione: dovete conoscere le risposte!). Infine unitevi a un'altra coppia. A turno, una coppia legge una domanda e l'altra risponde. Ogni risposta corretta vale 1 punto. Vince la coppia che totalizza più punti.**

| | | | |
|---|---|---|---|
| il confine | Grenze | il terremoto | Erdbeben |
| il fiume | Fluss | il triangolo | Dreieck |
| l'isola | Insel | il vulcano | Vulkan |
| il lago | der See | condizionare | beeinflussen |
| il mare | Meer | | |
| la montagna / il monte | Berg | alto | hoch |
| la penisola | Halbinsel | basso | niedrig |
| la pianura | Ebene | roccioso | felsig |
| la posizione | Lage | sabbioso | sandig |
| il tacco | Absatz | | |

**1** **Guardate la cartina e abbinate i prodotti alle regioni e/o alle città, come nell'esempio. Alcuni prodotti si possono trovare in più regioni.**

- vino
- peperoncino
- prosciutto
- agrumi
- pecorino
- mortadella
- pomodori
- parmigiano
- olio d'oliva
- radicchio rosso
- mozzarella
- mele
- gianduiotti *Piemonte (Torino)*
- grappa

**2** **Quali prodotti conoscete già? Dove li avete visti o assaggiati? Parlatene in gruppo.**

**3** **Completate i testi con i nomi dei territori. Aiutatevi con la cartina del punto 1.**

Abruzzo | Chianti | Collio | Collio | Sanremo | Valle dei Templi

Un panorama bellissimo con le montagne sullo sfondo, le colline, la città aperta verso il mare e tanti, tanti fiori: rose, camelie, garofani, begonie... Siete arrivati a ____________, la città dei fiori. Vengono da qui le decorazioni per il concerto di Capodanno di Vienna e per la cerimonia dei premi Nobel a Stoccolma. E per molte altre occasioni in molti paesi del mondo.

Due nomi, due marchi, una garanzia: vini DOC, cioè di alta qualità. Il ____________ e il ____________ non sono vicini – il primo è nel cuore della Toscana, nel cuore dell'Italia; il secondo in Friuli, vicino a Gorizia, terra di confine con culture e lingue diverse – ma i paesaggi si assomigliano come fratelli: dolci colline con viti e ulivi. Il marchio toscano con il gallo nero caratterizza un vino rosso famoso in tutto il mondo, il ____________ è invece il regno dei vini bianchi e di alcuni rossi di alta qualità.

Avete mai mangiato il risotto alla milanese? Sapete perché è giallo? Il colore viene da un ingrediente che si usa per prepararlo, lo zafferano: una spezia rossa che quando si cucina diventa gialla. Ma lo zafferano non è un prodotto tipico della Lombardia, la sua patria è l'____________, in particolare la zona dell'Aquila.

Molte regioni italiane producono olio extravergine d'oliva. Se è di qualità, le olive sono raccolte a mano in autunno, ancora verdi, portate al frantoio lo stesso giorno e spremute a freddo. Ma nessun olio è uguale all'altro: ognuno ha il suo colore, il suo sapore, il suo profumo e di solito l'olio del Sud è più intenso. Se volete provarlo, potete andare per esempio nella ____________________ (Agrigento), dove ulivi molto grandi e molto antichi producono un olio dal sapore fruttato.

**4** **a** **Conoscete altri prodotti tipici italiani? Se sì, presentateli ai vostri compagni e aggiungeteli sulla cartina del punto 1.**

**b** **In gruppo, preparate una cartina dei prodotti del vostro Paese da pubblicare su una rivista dedicata a chi studia la vostra lingua. Poi ogni gruppo presenta la sua cartina alla classe.**

| | | | |
|---|---|---|---|
| l'aria | Luft | la spezia | Gewürz |
| la begonia | Begonie | il vino DOC (denominazione di origine controllata) | Qualitätswein aus bestimmten Anbaugebieten |
| la camelia | Kamelie | la vite | Weinrebe |
| il frantoio | Ölmühle | raccogliere (raccolto) | ernten |
| il gallo | Hahn (Tier) | dolce | (hier) sanft |
| il garofano | Nelke | fruttato | fruchtig |
| il marchio | Warenzeichen | spremuto a freddo | kalt gepresst |
| la patria | Heimat | | |
| il regno | Reich | | |
| lo sfondo | Hintergrund | | |

**1** **Guardate i disegni: secondo voi, a che cosa si riferisce il modo di dire «Non è vero, ma ci credo»?**

1 ____________

2 ____________

3 ____________

4 ____________

5 ____________

6 rompere uno specchio

7 ____________

8 ____________



**2** **Ora leggete la prima parte del testo e abbinate i disegni alle situazioni, come nell'esempio.**

Non è vero, ma ci credo. Quante persone dicono di essere razionali e per niente superstiziose, ma poi non sono contente se un gatto nero attraversa la strada davanti a loro? Secondo la tradizione, il gatto nero porta sfortuna! E così, per esempio, anche rompere uno specchio, rovesciare il sale in tavola, aprire un ombrello in casa, fare qualcosa di importante il venerdì (peggio[1] ancora se è il 17!) o essere in 13 a tavola. Ma esiste anche qualcosa che porta fortuna? Sì, certo, per esempio trovare un quadrifoglio, avere con sé un piccolo corno rosso o toccare ferro. Queste sono alcune credenze molto diffuse in Italia. Ne conoscete altre?

[1] peggio = schlimmer

**3** **Secondo voi, da dove vengono le credenze del punto 2? Parlatene in gruppo.**

**4** **Ora leggete i testi a pag. 16 e verificate le vostre ipotesi del punto 3.**

Per le credenze popolari è difficile trovare spiegazioni sicure. Il gatto nero, per esempio, porta sfortuna probabilmente per il colore e perché nella tradizione è associato alle streghe. L'ombrello aperto in casa, invece, si associa all'idea di una casa con il tetto rotto o di una persona senza casa, quindi povera.

Non è chiaro perché rovesciare il sale in tavola porta sfortuna: forse perché il sale è stato per molto tempo un prodotto prezioso? Oppure perché è un simbolo sacro? O ancora perché rappresenta amicizia e fedeltà? Probabilmente per tutti questi motivi insieme. Pensate all'*Ultima cena*, il famoso dipinto di Leonardo da Vinci: accanto a Giuda c'è una saliera rovesciata... Allora, se rovesciate il sale in tavola, dovete prenderne un po' e gettarlo dietro la spalla sinistra.

Rompere uno specchio porta sfortuna (sette anni di disgrazie!) perché, nella credenza popolare, si rompono anche le immagini che si vedono nello specchio.

Sui numeri la discussione è aperta: il 13 normalmente porta fortuna, ma essere in 13 a tavola no, perché a questa situazione si associa l'Ultima cena, dove siedono a tavola i dodici discepoli e Gesù, che poi muore. Per questo il venerdì è un giorno sfortunato: è associato alla passione e crocifissione[2] di Gesù. E il numero 17? Secondo alcuni porta sfortuna perché il numero romano XVII (= 17) è l'anagramma del verbo latino VIXI, che significa «vissi, sono vissuto»: il verbo è al passato e questo significa che adesso non vivo più.

[2] passione e crocifissione = Kreuzweg Christi nach dem Evangelium. Der Kreuzigung wird am Freitag vor Ostern gedacht.



Porta fortuna, invece, toccare ferro: l'espressione è legata al ferro di cavallo, simbolo di fortuna fin dal Medioevo, ma è difficile spiegare con certezza perché. È chiara invece la spiegazione per il quadrifoglio: è un'eccezione (la regola è il trifoglio) e trovarne uno è un colpo di fortuna. Il cornetto rosso, infine, porta fortuna perché è un antico simbolo di fertilità. Ma funziona solo se è un regalo...

**5** **Quali credenze descritte nel testo esistono anche nel vostro Paese? E che cosa invece è diverso? E voi avete un portafortuna?**

**6** **Conoscete usanze o credenze di altri Paesi? Raccogliete le informazioni con tutta la classe e fate un piccolo «atlante» delle credenze.**

| | | | |
|---|---|---|---|
| il cornetto | hornförmiges Amulett; Amuletthörnchen | la sfortuna | Pech; Unglück |
| la credenza | (Volks)Glaube | la strega | Hexe |
| la crocifissione | Kreuzigung | la superstizione | Aberglaube |
| il discepolo | Jünger | il tetto | Dach |
| la disgrazia | Unglück | il trifoglio | Kleeblatt |
| la fedeltà | Treue | l'Ultima cena | das letzte Abendmahl |
| il ferro di cavallo | Hufeisen | gettare dietro la spalla sinistra | hinter die linke Schulter werfen |
| la fertilità | Fruchtbarkeit | morire (muore) | sterben (er stirbt) |
| la fortuna | Glück | povero | arm |
| il portafortuna | Glücksbringer | sacro | heilig |
| il quadrifoglio | vierblättriges Kleeblatt | superstizioso | abergläubisch |
| la saliera | Salzstreuer | | |

**1** a **Leggete i versi iniziali di una famosa canzone. Secondo voi, a che cosa si riferiscono? E a quale epoca associate la canzone?**

*Per quest'anno non cambiare, stessa spiaggia stesso mare*
*per poterti rivedere, per tornare, per restare insieme a te.*

b **Leggete il testo: avete indovinato?**

1 Con il «boom» economico, tra la fine degli anni '50 e i primi anni '60, gli italiani raggiungono il benessere e le vacanze non sono più un lusso riservato a pochi. Così diventa normale partire con tutta la famiglia, spesso per una vacanza – la «villeggiatura», si dice – che dura anche un mese intero. Dove si va? Generalmente al mare: negli anni del boom la costiera adriatica, con centri come Rimini e Riccione (sinonimi di spiagge, discoteche e vita notturna), diventa una meta di massa. Ma c'è anche chi va in montagna. Molti passano le vacanze ogni anno nello stesso posto per ritrovare gli amici e – perché no? – anche l'amore dell'anno precedente. Per l'inverno si usa invece la «settimana bianca», cioè sette giorni da trascorrere sulla neve. Molti giovani fanno invece vacanza con lo zaino e in autostop: una meta classica è Capo Nord.

**2** a **Secondo voi, che cosa cambia dopo il periodo descritto nel testo 1b? Parlatene in gruppo.**

4

b **Ora leggete i testi e verificate le vostre ipotesi.**

2 Con gli anni '80 cambiano le abitudini: i giovani scoprono Interrail, le famiglie scoprono le vacanze «tutto compreso», per esempio nei villaggi turistici. Le vacanze diventano, così, più brevi, più varie e si va più spesso all'estero. Questa tendenza continua negli anni successivi, anche per il boom dei voli low cost. Cambia lo stile di vita e arriva la crisi economica: diminuiscono, così, le settimane bianche e le villeggiature lunghe, aumentano le vacanze di avventura, le visite nelle città d'arte e le ferie a casa. La Costa Smeralda (Sardegna), l'Argentario (Toscana), Capri, Portofino (Liguria) continuano a essere mete estive dei cosiddetti vip e per vacanze di lusso.

3 Oggi c'è anche il turismo etico: molte persone, soprattutto giovani, abbinano le vacanze a esperienze di volontariato e formazione civile, per esempio con un'associazione ambientalista come Legambiente o con Libera nei terreni confiscati alla mafia. Nascono anche nuovi operatori turistici, come Addiopizzo Travel, che organizza viaggi in Sicilia e garantisce che tutto – trasporti, alberghi, ristoranti ecc. – è «pizzo-free»: neanche un euro va nelle tasche della mafia.

c **Conoscete esempi di turismo etico nel vostro Paese? Raccogliete idee in classe.**

**3** **Volete sapere quando vanno in vacanza gli italiani? Leggete i testi e abbinate ad ognuno il titolo adatto. Attenzione: c'è un titolo in più!**

L'Italia agli esami | Ferie e partenze | Turismo alternativo | Vacanze scolastiche e famiglie

..............................................................................................

______________________________

**4** Per le famiglie tutto dipende dal calendario scolastico, che oggi non è più identico in tutto il Paese, soprattutto per motivi di clima. Generalmente l'anno scolastico comincia entro[1] la metà di settembre e finisce entro[1] la metà di giugno. Anche se con qualche differenza fra regione e regione, gli scolari italiani hanno due settimane di vacanza per Natale, una per Pasqua, due giorni per carnevale e alcuni «ponti» che uniscono due giorni festivi molto vicini, ma le vacanze vere e proprie sono quelle estive. Però i genitori non hanno tre mesi liberi come i figli: chi si occupa allora dei ragazzi da metà giugno a metà settembre? È un problema, ma ci sono i nonni, i centri estivi e altre iniziative del Comune o della parrocchia.

1 entro = (hier) bis spätestens

4

..............................................................................................

______________________________

**5** Il periodo delle ferie si concentra soprattutto in agosto, quando molte aziende e molti negozi chiudono. Ormai non si parte più tutti negli stessi giorni, come una volta, ma Ferragosto (cioè il 15 agosto) resta sinonimo di vacanza. I media amano parlare di «esodo» e «controesodo» per definire le partenze e i ritorni di massa, ma, soprattutto nei periodi di crisi, non sono pochi gli italiani che passano il Ferragosto a casa.

..............................................................................................

______________________________

**6** Prima delle vacanze, però, c'è un «rito» nazionale: a metà giugno iniziano gli esami di maturità (oggi: Esami di Stato), che si fanno alla fine delle scuole superiori e si svolgono negli stessi giorni e con le stesse prove in tutte le scuole d'Italia. E attraverso giornali, tv e internet diventano, per così dire, gli esami di tutti gli italiani.

**4** **Cercate le informazioni nei testi 1-6 e completate lo schema.**

| | testo |
|---|---|
| **a** La famiglia media comincia ad andare in vacanza con il boom economico. | 1 |
| **b** Il mese preferito per le vacanze è agosto. | |
| **c** La scuola inizia e finisce in date diverse, ma le differenze non sono grandi. | |
| **d** Ci sono poche vacanze durante l'anno scolastico e vacanze lunghe in estate. | |
| **e** La villeggiatura al mare è tipica degli anni '60. | |
| **f** Soprattutto fra i giovani sono diffuse le vacanze impegnate. | |
| **g** Ci sono località alla moda per vacanze esclusive. | |
| **h** I media italiani parlano degli esami di maturità. | |

**5** **Quali somiglianze e differenze trovate fra l'Italia e il vostro Paese? Quali tipi di vacanza descritti piacciono anche a voi e quali no? Perché? Parlatene in gruppo.**

| | | | |
|---|---|---|---|
| l'anno scolastico | Schuljahr | Pasqua | Ostern |
| l'avventura | Abenteuer | il pizzo | Schutzgeld |
| l'esame (m.) di maturità | Abiturprüfung | il ponte | Brückentag |
| l'esodo/il controesodo | (etwa) Massenflucht aus den Städten; Massenrückkehr | le vacanze | Semester-, Schulferien; Ferienzeit |
| le ferie | Urlaub (Arbeitnehmer) | il volontariato | ehrenamtliche (Sozial)Arbeit |
| il giorno festivo | Feiertag | lo zaino | Rucksack |
| Libera | Name eines Antimafiaverbandes | andare in vacanza | in den Urlaub fahren |
| la meta | (Urlaubs)Ziel | essere in vacanza | Urlaub / Ferien haben |
| Natale (m.) | Weihnachten | ambientalista | Umweltschutz- |
| la parrocchia | Pfarrgemeinde | confiscato | beschlagnahmt |

Entrata

# A2

# L'ITALIA DELLE REGIONI

**1** **a** **L'Italia è costituita da 20 regioni. Le riconoscete? Guardate la cartina politica a pag. 110: avete tre minuti per memorizzare i nomi. Poi lavorate in coppia e completate la cartina qui sotto. Avete 5 minuti di tempo. Vince la coppia che riesce a inserire più nomi al posto giusto.**

**b** **Ora riguardate la cartina e trovate le seguenti informazioni.**

1 La regione più grande: ____________________

2 La regione più piccola: ____________________

3 La regione con la capitale d'Italia: ____________________

4 La regione senza mare dell'Italia centro-meridionale: ____________________

5 Le regioni «separate» dal continente: ____________________

6 Cose in comune fra Valle d'Aosta, Trentino-Alto Adige e Friuli Venezia Giulia: ____________________

____________________

**2** **a** **A che cosa servono le Regioni? Scopritelo leggendo il testo e inserendo i nomi adatti nelle righe vuote.**

..........................................................................

Per amministrare il Paese, lo Stato centrale delega alcuni compiti a enti più piccoli e più vicini ai cittadini: per questo l'Italia è divisa in venti Regioni, molto diverse per storia, dimensioni e popolazione. E in ogni Regione ci sono tanti Comuni, ognuno con un sindaco e un Consiglio comunale eletti direttamente dai cittadini. Ogni Regione può fare leggi in alcuni settori, ha un Presidente (detto anche governatore o governatrice) e un Consiglio regionale, eletti direttamente dal popolo, un capoluogo, che è la città più importante, e un suo regolamento, che si chiama Statuto. Secondo la Costituzione, 15 Regioni hanno uno statuto ordinario (cioè normale, uguale per tutte) e 5 hanno uno statuto speciale, cioè un'autonomia più ampia. Perché? Perché queste Regioni hanno una posizione geografica particolare, alla periferia del Paese: due – la ________________ e la ________________ – sono isole dove, nel corso della storia, ci sono state tendenze separatiste; le altre tre – ________________, ________________ e ________________ – confinano con altri Paesi europei. In queste tre Regioni ci sono quindi anche lingue e culture diverse da quella italiana e ci sono leggi speciali che le proteggono. Per motivi economici, anche altre Regioni vorrebbero avere uno statuto speciale o addiritura diventare indipendenti. Come sarà l'Italia del futuro?

**b** **Rileggete il testo e rispondete alle domande. Poi confrontatevi con un compagno. Quali somiglianze e quali differenze trovate rispetto al vostro Paese?**

1 Chi è il sindaco?
2 Chi è il governatore o la governatrice?
3 Che cos'è uno Statuto?
4 Le Regioni italiane sono tutte uguali?

**3** **Preparate delle carte di due colori diversi per giocare a memory: 20 foglietti con i nomi delle regioni e 20 con i nomi dei capoluoghi. Poi mescolate le carte e giocate. Chi riesce a fare più abbinamenti corretti?**

| | |
|---|---|
| il Comune | Gemeinde, Stadtverwaltung |
| il Consiglio comunale | Gemeinderat |
| il Consiglio regionale | Regionalrat |
| la Costituzione | Grundgesetz, Verfassung |
| la legge | Gesetz |
| la regione | Region |
| il sindaco | Bürgermeister |
| lo statuto ordinario | Normalstatut |
| lo statuto speciale | Sonderstatut |
| amministrare | verwalten |
| eleggere (eletto) | wählen |
| indipendente | unabhängig |
| separatista | separatistisch |

# LA REPUBBLICA ITALIANA

**1** **a Guardate le foto: a quali delle seguenti parole si possono abbinare?**

Costituzione
elezioni
Governo
Parlamento
referendum

1

2

**b Pensate allo Stato italiano. Che cosa sapete delle istituzioni citate al punto 1a? Raccogliete informazioni prima in gruppo e poi in plenum.**

**2** **a Leggete i testi e inserite nelle righe vuote le parole del punto 1a.**

Come funziona lo Stato? Tutte le regole fondamentali si trovano nella ______________ (nata nel 1948): l'articolo 1 dice che «L'Italia è una Repubblica democratica» e questo significa che gli italiani eleggono direttamente, con voto segreto e per cinque anni, i loro rappresentanti al ______________. Tutti gli italiani? Beh, non proprio: bisogna essere maggiorenni, cioè avere compiuto 18 anni. La ______________ del '48 divide il ______________ in due Camere – la Camera dei deputati e il Senato – che hanno gli stessi compiti (così si «controllano»): discutere la politica del Governo e fare le leggi. Ma questa struttura probabilmente cambierà: si va verso una riforma del Senato.

2

Ma quali partiti sono rappresentati in Parlamento? Fino al 1992, soprattutto la Democrazia Cristiana (DC), il Partito Comunista (PCI), il Partito Socialista (PSI), il Partito Liberale (PLI), il Partito Repubblicano (PRI) e il Movimento Sociale (MSI, estrema destra, erede del Partito fascista, ora vietato). Poi la caduta del muro di Berlino e lo scandalo di Tangentopoli hanno cambiato il panorama politico: i vecchi partiti non ci sono più, si affermano forze politiche nuove come la Lega Nord o Forza Italia di Silvio Berlusconi e alle ______________ si presentano coalizioni di centrodestra e di centrosinistra.

Il ______________ propone le leggi, le mette in pratica e amministra il Paese. Il ______________ italiano è composto dal Consiglio dei Ministri guidato dal Presidente del Consiglio, che oggi la stampa spesso chiama *premier* e che è nominato dal Presidente della Repubblica con l'approvazione del Parlamento.

E se il popolo non è d'accordo con una legge? Può fare un ______________ per abolirla. Gli italiani usano molto spesso questo metodo: così, per esempio, hanno detto no alle centrali nucleari (nel 1987 e nel 2011). E siccome le leggi devono rispettare la Costituzione, c'è anche la Corte Costituzionale che le controlla.

Dal 1948 è passato molto tempo. Il Paese cambia e così possono cambiare le istituzioni. Soprattutto si dà sempre più spazio alle amministrazioni locali e per questo molti vorrebbero un nuovo Senato composto da rappresentanti dei Comuni e delle Regioni.

Chi è il Capo dello Stato? Il Presidente della Repubblica, che resta in carica 7 anni. Lo elegge il Parlamento, per ora insieme ai delegati delle Regioni. Il suo compito è rappresentare il Paese, ma anche controllare tutte le leggi, che solo con la sua firma sono valide.

**b** **Cercate informazioni in internet (per esempio sui siti www.quirinale.it, www.senato.it, www.camera.it, www.governo.it): le riforme citate nei testi sono già entrate in vigore? E chi ricopre attualmente le seguenti cariche?**

Presidente della Repubblica: ______________________

Presidente del Consiglio: ______________________

Presidente della Camera: ______________________

Presidente del Senato: ______________________

**c** **Quali analogie e quali differenze trovate fra il sistema politico italiano e quello del vostro Paese?**

**3** **a** **Chi risiede in questi palazzi? E dove si trovano? Leggete il testo e completate le didascalie.**

Tutti gli organi centrali della Repubblica hanno la loro sede ufficiale a Roma: il Presidente della Repubblica al Palazzo del Quirinale, la Camera dei Deputati a Palazzo Montecitorio, il Senato a Palazzo Madama, il Governo a Palazzo Chigi e la Corte Costituzionale al Palazzo della Consulta.

I media chiamano spesso gli organi dello Stato con il nome del palazzo dove hanno sede: dicono per esempio «Palazzo Chigi ha deciso...» invece di dire «il Governo ha deciso» o «la Consulta» invece di dire «la Corte Costituzionale». Per parlare del Presidente della Repubblica si dice spesso «il Quirinale» oppure «il Colle», perché il palazzo del Quirinale si trova su uno dei sette colli di Roma. È così anche per alcuni ministeri: dal nome dei palazzi, si dice «la Farnesina» per indicare il Ministero degli Affari Esteri e «il Viminale» per il Ministero dell'Interno.

Palazzo Montecitorio: sede della ______________________

Palazzo Madama: sede del ______________________

Palazzo Chigi: sede del ______________________

Palazzo del Quirinale (detto anche il ______________): sede del ______________________

Palazzo della Farnesina: sede del ______________________

**b** **A quale abitudine linguistica sono legati questi palazzi? Esiste un'abitudine simile anche nel vostro Paese?**

| | |
|---|---|
| l'amministrazione (f.) locale | Lokalverwaltung |
| l'approvazione (f.) | Zustimmung |
| la Camera dei deputati | Abgeordnetenkammer |
| la carica | Amt |
| la centrale nucleare | Atomkraftwerk |
| il Comune | Gemeinde, Stadtverwaltung |
| il Consiglio dei Ministri | Ministerrat |
| la Costituzione | Grundgesetz, Verfassung |
| l'elezione (f.) | Wahl |
| il Governo | Regierung |
| il Parlamento | Parlament |
| il/la Presidente del Consiglio | Ministerpräsident(in) |
| il/la Presidente della Repubblica | Staatspräsident(in) |
| il/la rappresentante | (Volks)Vertreter(in) |
| il referendum | Volksentscheid |
| il Senato | Senat |
| Tangentopoli | Schmiergeldskandal (1992) |
| il voto segreto | geheime Wahl |
| abolire | abschaffen |
| amministrare | verwalten |
| eleggere (eletto) | wählen |
| entrare in vigore | in Kraft treten |
| maggiorenne | volljährig |
| valido | gültig |

2

**1** **Che cos'è? Abbinate le parole ai significati, come negli esempi.**

artigiano | ~~azienda o impresa~~ | casa | firma | industria | ~~maestria~~ | marchio

..................................
Maestria
Capacità di fare una cosa particolarmente bene.

..................................
__________
Chi realizza un prodotto a mano, in genere con strumenti e tecniche tradizionali.

..................................
__________
Impresa specializzata: una _________ editrice pubblica libri, una _________ discografica produce dischi (oggi CD).

..................................
__________
Organizzazione che produce in serie con l'uso di macchine e divisione del lavoro.

..................................
Azienda/impresa
Ditta che produce oggetti o fornisce servizi. Può essere industriale o artigianale.

..................................
__________
Simbolo, disegno o nome che caratterizza i prodotti di un'azienda. Si usa anche per indicare l'azienda stessa.

..................................
__________
Nome di una persona famosa in un certo campo, per esempio un designer di moda. E quindi anche l'azienda che ha il nome di quella persona.



**2** **Che cosa associate all'idea del Made in Italy? Raccogliete le idee in gruppo.**

**3** a **Leggete il testo e confrontate le informazioni con le vostre idee.**

..................................................

Le grandi firme della moda, le lampade di Artemide®, gli accessori per la cucina di Guzzini®, prodotti alimentari, case automobilistiche come la Fiat® e la Ferrari®: a questo si pensa di solito quando si parla di Made in Italy. Creatività, qualità e stile tipico del Belpaese. Certo. Ma con la globalizzazione molti marchi italiani – come Fendi®, Gucci®, Valentino®, Brioni®, Loro Piana® (moda), Bulgari® (oreficeria), Algida® (gelati), Lamborghini® (auto), Bianchi® (biciclette) – sono controllati da imprese straniere e molte aziende spostano la produzione all'estero perché costa meno.

..................................................

E allora che cosa caratterizza il Made in Italy? Innanzi tutto, ci sono ancora aziende che realizzano i loro prodotti completamente in Italia (dal progetto al prodotto finito) e per questo esiste il certificato «100% Made in Italy». Un altro aspetto tipico sono i distretti, cioè zone dove numerose imprese, di solito piccole o medie, formano una rete specializzata nella realizzazione di un prodotto: per esempio le sedie nella zona di Udine, la lavorazione dell'oro e quella dei tessuti in Veneto e in Toscana (soprattutto a Vicenza per l'oreficeria e a Prato per il tessile), i mobili in Friuli e in Brianza (Lombardia), il caffè a Trieste, le ceramiche nel Lazio e in Emilia-Romagna, i coltelli a Maniago (Friuli Venezia Giulia), le calzature in Toscana, nelle Marche e in Campania, gli occhiali nella zona di Belluno e così via.

b **Vero o falso?**

| | vero | falso |
|---|---|---|
| 1 Il cuore del Made in Italy sono le grandi industrie. | ☐ | ☐ |
| 2 Tutti i prodotti di marchi italiani sono fatti completamente in Italia. | ☐ | ☐ |
| 3 Il marchio «100% Made in Italy» garantisce che un prodotto è realizzato completamente in Italia. | ☐ | ☐ |
| 4 Alcune zone d'Italia sono specializzate nella realizzazione di un prodotto. | ☐ | ☐ |

**4** a **Dove si trovano queste città? A quali dei seguenti prodotti artigianali le abbinereste? Parlatene con alcuni compagni.**

Cremona | Messina | Murano | Napoli

**b Ora leggete la seconda parte del testo e verificate.**

I distretti italiani (ormai circa 200) sono nati negli anni Settanta del XX secolo e si trovano soprattutto nel Nord-Est e nel Centro; le aziende hanno un legame molto stretto con le città (piccole) e i paesi e per questo resistono meglio alle crisi. Il «motore» dei distretti è l'artigianato locale e da dove viene la parola *artigianato*? Da *arte*, cioè maestria nella realizzazione di un prodotto, e infatti numerosi laboratori e centri artigianali sono importanti per i loro prodotti di eccellenza: oltre ai prodotti già nominati, ricordiamo per esempio i vetri di Murano (Veneto), la liuteria – cioè la costruzione di strumenti musicali come il violino – di Cremona (un nome per tutti: Stradivari), la carta di Fabriano (Marche), le ceramiche di Messina, i coralli di Trapani... e tanti altri ancora. Tutti questi prodotti hanno in comune una cosa: nascono da una tradizione artigianale che esiste da molti secoli. E questo è il cuore del Made in Italy.

**5** **Rileggete i testi 3a e 4b. Quali sono le caratteristiche principali del Made in Italy? Parlatene con alcuni compagni.**



**6** **Siete in vacanza in Italia e volete comprare un regalo speciale per le seguenti persone. Dove potete andare?**

*Un'amica che ama le scarpe.*
*La nonna che ama scrivere lettere a mano.*
*Un amico / un'amica che arreda la sua casa.*
*La moglie per l'anniversario di matrimonio.*

| | |
|---|---|
| l'accessorio | Zubehör, Accessoire |
| l'arredamento | Einrichtung |
| l'artigianato | Handwerk |
| l'artigiano | Handwerker |
| l'azienda / l'impresa | Betrieb, Unternehmen |
| la calzatura | Schuhe |
| la casa | (hier) Firma, Haus |
| la casa discografica | Schallplattenfirma |
| la casa editrice | Verlag(shaus) |
| il coltello | Messer |
| il distretto | (hier) Handwerks- bzw. Industriegebiet |
| la divisione del lavoro | Arbeitsteilung |
| la firma | (hier) Marke |
| l'industria | Industrie |
| la liuteria | Herstellung von Saiteninstrumenten |
| la maestria | Meisterschaft, Geschicklichkeit |
| il marchio | Markenzeichen, Label |
| l'oreficeria | Goldschmiedekunst |
| l'oro | Gold |
| il progetto | Entwurf, Planung |
| la sedia | Stuhl |
| il servizio | Dienstleistung |
| il tessile | Textilgewerbe |
| il vetro | Glas |
| arredare | einrichten |
| resistere | aushalten, überstehen |
| artigianale | handwerklich, Handwerks- |
| industriale | industriell, Industrie- |

# E LUCEAN LE STELLE

**1** **a** **Pensate al linguaggio della musica: quali parole italiane ci sono nella vostra lingua? Fate una lista e poi discutete in gruppo: come sono entrate nella vostra lingua queste parole?**

**b** **Ora leggete e verificate.**

Tra la fine del Cinquecento e l'Ottocento molti artisti italiani lavorano anche all'estero: compositori e direttori d'orchestra come Vivaldi (a Praga, Vienna, Amsterdam) o Antonio Salieri e Gaetano Donizetti (alla corte di Vienna); e inoltre librettisti – cioè autori di testi – come Pietro Metastasio, attivo fra l'altro a Vienna, e Lorenzo Da Ponte, che per lungo tempo collabora con Mozart. Attraverso le indicazioni per l'esecuzione (*adagio, allegro* ecc.) e i libretti, questi artisti diffondono anche la lingua italiana, che diventa la lingua della musica per eccellenza: la usano anche musicisti non italiani.

**2** **a** **Che tipo di musica associate agli autori citati nel testo 1b? Che cosa sapete a proposito di questo genere musicale? Parlatene con un compagno.**

**b** **Leggete la prima parte del testo e scoprite dove, come e quando è nato questo genere musicale.**

4

Nella musica classica l'Italia non ha una tradizione sinfonica. Ha tuttavia alcuni compositori importanti come Giovanni Pierluigi da Palestrina (ca. 1525-1594), che si dedica alla musica sacra, e il veneziano Antonio Vivaldi (1678-1741), che scrive moltissime opere strumentali: di lui sono molto famose soprattutto *Le quattro stagioni*. Ma il genere musicale più caratteristico del nostro Paese è l'opera, che nasce a Firenze e ha il suo modello nel teatro della Grecia antica. Tra la fine del Cinquecento e il Seicento si diffonde l'uso di cantare un intero dramma («recitar cantando») e si sviluppa così il melodramma. Uno dei personaggi più importanti di quest'epoca è il compositore Claudio Monteverdi (1567-1643), che ha un ruolo fondamentale nel passaggio dal Rinascimento al Barocco. Nell'Ottocento l'opera lirica domina il panorama musicale italiano, diventa una vera «industria» e raggiunge anche le classi popolari.

**c** **Leggete la seconda parte del testo e sottolineate i nomi e/o i titoli che avete già sentito nominare.**

Fra i compositori più importanti ricordiamo il siciliano Vincenzo Bellini (1801-1835), i toscani Pietro Mascagni (1863-1945) – che ottiene un grande successo soprattutto nel 1890 con la *Cavalleria Rusticana* – e Giacomo Puccini (1858-1924), che compone opere come *La Bohème, Turandot, Tosca* (a cui appartiene l'aria *E lucean le stelle*), e il marchigiano Gioachino Rossini (1792-1868), che compone per esempio *Il barbiere di Siviglia* e *Otello*, ossia *il moro di Venezia*.

Ma il più conosciuto è Giuseppe Verdi (1813-1901), nato in un piccolo paese vicino a Parma (Roncole, Busseto). Verdi sceglie spesso soggetti storici – per esempio in *Nabucco, I Lombardi alla prima crociata, La battaglia di Legnano, I Vespri siciliani* – e così le sue opere diventano per molte persone un simbolo delle battaglie per l'unità d'Italia che si svolgono in quel periodo, in particolare il *Va' pensiero*, famosissimo coro del *Nabucco* (1842). Il nome di Verdi è addirittura usato come acronimo: si dice «Viva V.E.R.D.I.!» per dire «Viva Vittorio Emanuele Re d'Italia!». Fra le sue opere ricordiamo inoltre *Rigoletto, Il Trovatore, La traviata* – che è la storia di Violetta, una prostituta di Parigi, e del suo amore per Alfredo – e l'*Aida*.

**3** a **Rileggete tutti i testi e rispondete alle domande.**

1 Che rapporto c'è fra lingua italiana e musica?
2 Quale genere musicale è caratteristico dell'Italia?
3 Quando nasce questo genere e quando raggiunge la massima diffusione?
4 Quali parti della popolazione si interessano di questo genere musicale?
5 Qual è il compositore più noto? Che rapporto c'è tra questo compositore e le vicende del Paese?

b **Vi piace l'opera? Se sì, spiegate perché e dite quali sono le vostre opere o i vostri compositori preferiti. Se no, spiegate perché e dite quali generi musicali preferite.**

L'opera mi piace / non mi piace per...
...l'atmosfera / le emozioni / il canto / l'aspetto teatrale / l'abbinamento di musica e recitazione...

c **Esiste un genere musicale tipico del vostro Paese? Se sì, qual è e perché è così tipico?**

**4** a **Leggete i due testi e scegliete i titoli adatti.**

Festival della musica | I luoghi della musica | Il pubblico dell'opera | Divi e primedonne del bel canto

1 ____________________

Nell'Ottocento, quando l'opera lirica vive la sua epoca più importante, i cantanti diventano stelle del teatro: il pubblico si appassiona alle vicende drammatiche rappresentate sulla scena, soffre e gioisce insieme ai personaggi e applaude i cantanti che li interpretano. Questa tradizione continua, in parte, anche nel Novecento. Fra gli interpreti contemporanei più importanti, inizia la carriera in Italia il soprano di origine greca Maria Callas (1923-1977). Fra gli italiani, ricordiamo Renata Tebaldi (1922-2004), grande rivale della Callas, il tenore napoletano Enrico Caruso (1873-1921) e Luciano Pavarotti (1935-2007), tenore di Modena che spesso ha mescolato la lirica ad altri generi musicali e ha invitato ai suoi concerti cantanti pop e rock come Zucchero e Sting e cantautori come Lucio Dalla. L'aria d'opera più legata a Pavarotti è *Nessun dorma* (*Turandot*), suo cavallo di battaglia fino alla fine.



2 ____________________

Dove si andava e dove si va per assistere a un'opera, a un concerto, a un balletto? Ci sono molti teatri, ma i più importanti sono la Scala di Milano, la Fenice di Venezia e il San Carlo di Napoli.

Il Teatro alla Scala è costruito nel 1776 per volontà dell'Imperatrice Maria Teresa d'Austria e inaugurato nel 1778 con un'opera di Salieri. Il nome viene dal luogo dove si trova: lì prima c'era la chiesa di Santa Maria alla Scala. Dal 1812, con Rossini, la Scala diventa un luogo di culto del melodramma italiano. Qui hanno lavorato grandi direttori come Arturo Toscanini (1867-1957), Claudio Abbado (1933-2014) e Riccardo Muti.

La Fenice, costruita nel 1792, è uno dei simboli di Venezia. Un incendio la distrugge nel 1996, ma dal 2004 il teatro funziona di nuovo. Da allora, alla Fenice si svolge ogni anno, il primo gennaio, il Concerto di Capodanno, con brani di opere sinfoniche e liriche.

Il teatro San Carlo è realizzato a Napoli nel 1735 per il re Carlo V di Borbone e diventa presto uno dei più grandi e più importanti teatri d'opera d'Europa. Un altro luogo di culto della musica in Italia è l'Arena di Verona, un anfiteatro romano, famoso per i suoi spettacoli all'aperto, dove trovano posto 22.000 spettatori.

**5** a **Conoscete altri luoghi italiani legati alla musica? Quali? Che cosa ne sapete? Raccogliete le informazioni in gruppo.**

b **Degli amici italiani appassionati di musica vengono a trovarvi e voi volete preparare per loro un «itinerario musicale». Dove potete portare chi ama l'opera? Dove potete portare chi ama il jazz? In gruppo, pensate a vari generi musicali, fate una lista dei luoghi (città, teatri, eventi ecc.) e motivate la vostra scelta. Alla fine ogni gruppo presenta le sue proposte alla classe.**

| | |
|---|---|
| il barocco | (hier) Barockmusik (17. Jh.) |
| la battaglia | Kampf |
| il cavallo di battaglia | Glanznummer, Bravourstück |
| la classe popolare | (untere) Volksschicht |
| il compositore / la compositrice | Komponist(in) |
| il direttore / la direttrice d'orchestra | Dirigent(in) |
| l'incendio | Brand |
| l'indicazione (f.) per l'esecuzione (f.) | Vortragsanweisung |
| il melodramma | Melodram |
| la musica classica | klassische Musik |
| la musica sacra | Kirchenmusik |
| il/la musicista | Musiker(in) |
| l'opera (lirica) | Oper |
| il Rinascimento | Renaissance (Kulturepoche zwischen dem 15. und dem 16. Jh.) |
| il (la) soprano | Sopranistin |
| il teatro dell'opera | Opernhaus |
| il tenore | Tenor |
| il Cinquecento | 16. Jahrhundert |
| il Seicento | 17. Jahrhundert |
| il Settecento | 18. Jahrhundert |
| l'Ottocento | 19. Jahrhundert |
| il Novecento | 20. Jahrhundert |
| appassionarsi | sich begeistern |
| comporre | komponieren |
| costruire | bauen |
| gioire | sich freuen |
| inaugurare | (feierlich) eröffnen |
| recitare | spielen (Theater, Film) |
| soffrire | leiden |
| contemporaneo | zeitgenössisch |
| sinfonico | sinfonisch |
| strumentale | Instrumental- |

**1** a **Abbinate ogni termine alla sua definizione.**

cantante | cantastorie | cantautore | compositore | paroliere

1 Persona che canta canzoni di cui ha scritto il testo e la musica: ______
2 Autore di testi per canzoni, commedie musicali e simili: ______
3 Persona che recita storie in versi nelle piazze: ______
4 Autore di opere musicali e/o musiche per canzoni: ______
5 Persona che pratica l'arte del canto: ______

b **Cosa associate a un cantante e cosa a un cantautore? Abbinate. Poi parlate con un compagno e aggiungete le vostre idee.**

abito da sera | abiti quotidiani | interpretazione drammatica | priorità della melodia
interpretazione essenziale e originale | unità di musica e testo

cantante: ______ ______ ______ ______

cantautore: ______ ______ ______ ______



**2** a **Secondo voi, che cos'è una canzone d'autore? Parlatene in gruppo.**

b **Ora leggete il testo e confrontatelo con le vostre idee.**

La canzone d'autore è una corrente della musica leggera che inizia tra la fine degli anni Cinquanta e l'inizio dei Sessanta del Novecento e che esiste ancora oggi. Questo genere di canzone rinnova la musica leggera italiana: nuovi sono soprattutto l'attenzione per i testi (importanti come la musica) con cui si rinnova il linguaggio delle canzoni, i temi (non più solo amore, mamma e cose simili), il modo di cantare e i gesti meno drammatici e più individuali. La novità principale, però, è che spesso canta l'autore stesso della canzone e perciò si parla di «cantautori». Questi artisti si distinguono dai cantanti degli anni Cinquanta anche perché in genere non si presentano al pubblico con l'abito da sera, ma con abiti quotidiani, e in molti casi ai concerti suonano uno strumento.

**3** a **Guardate la statua che ritrae Domenico Modugno mentre canta e leggete alcuni versi della canzone: li avete già sentiti? Secondo voi, che cosa esprimono i versi e il gesto di Modugno? Conoscete altri cantautori italiani o canzoni d'autore? Parlatene in gruppo.**

*Volare... oh, oh!*
*Cantare... oh, oh, oh, oh!*
*Nel blu, dipinto di blu,*
*felice di stare lassù!*

**b Leggete il testo 1 e scoprite perché *Nel blu, dipinto di blu* è una canzone innovativa. Poi leggete gli altri testi e sottolineate i nomi e i titoli che avete già sentito nominare.**

1 Nel 1958 Domenico Modugno vince il Festival di Sanremo con la sua *Nel blu, dipinto di blu,* una canzone che sorprende tutti per la musica, molto diversa da quella della tradizione melodica italiana, e per il testo surreale che racconta un sogno. Anche il modo di cantare – con le braccia aperte – è innovativo: tutto esprime una grande gioia. Il successo di Modugno dimostra che il gusto degli italiani è cambiato e la sua canzone diventa un simbolo dell'Italia che, grazie al boom economico degli anni 1958-63, «vola» verso il benessere.

2 Un gruppo di cantautori è legato a Genova: Luigi Tenco, Gino Paoli, Bruno Lauzi, Umberto Bindi e Fabrizio De André si ispirano spesso a *chansonnier* francesi come Georges Brassens, ma ognuno ha il proprio stile. Il più importante è De André (1940-1999), che ama temi come la libertà, gli *outsider* (come prostitute e pastori), le culture minacciate (come quella degli indiani d'America), la pace. *La guerra di Piero* (1964) diventa una «bandiera» del pacifismo. Scrive anche canzoni in sardo e in dialetto genovese. Per l'armonia fra testo e musica, la sua opera è vera poesia.

5

3 A Milano si affermano Enzo Jannacci (1935-2013) e Giorgio Gaber (1939-2003), che hanno uno stile molto diverso da quello dei «genovesi»: i loro testi sono in genere ironici, spesso paradossali o surreali; il loro modo di cantare è recitativo, i loro spettacoli assomigliano più al cabaret che a classici concerti.

4 «La libertà è partecipazione», dice una canzone di Gaber (1972): negli anni Settanta si fa molta politica e la musica esprime la protesta dei giovani. Fra i protagonisti c'è Francesco Guccini, un «cantastorie» (dice lui) emiliano che si ispira alla musica americana del tempo e firma alcune canzoni-simbolo dell'impegno politico anni '60-'70, come *La locomotiva* o *Dio è morto*. Ma anche molti giovani del Duemila vanno ai concerti del «Maestrone», che lascia la scena nel 2013.

5 Nello stesso periodo Lucio Battisti, insieme al suo paroliere Mogol, canta l'amore e interpreta così un altro aspetto della sensibilità giovanile, come anche Claudio Baglioni. Altri cantautori del decennio sono Roberto Vecchioni, Francesco De Gregori, Lucio Dalla, Antonello Venditti, Riccardo Cocciante e Ivano Fossati. Cominciano inoltre ad affermarsi alcuni autori di musica rock, come Edoardo Bennato e Franco Battiato.

6 Negli anni Ottanta e Novanta si affermano personaggi di altro tipo, come Paolo Conte, che si ispira al jazz e a ritmi sudamericani: di lui ricordiamo per esempio *Azzurro*, portata al successo già nel 1968 da Adriano Celentano. Angelo Branduardi ama invece musiche antiche, mentre Pino Daniele abbina il dialetto napoletano al blues.

7 Molti degli autori citati cantano e hanno successo ancora negli anni Duemila. A loro si aggiungono poi autori più giovani, come Vinicio Capossela (nato in Germania), che inizia la carriera musicale con l'aiuto di Guccini, Daniele Silvestri, Luca Carboni, Elisa, Simone Cristicchi, Francesco Tricarico e altri ancora.



c **Rileggete i testi 1-7 e completate lo schema.**

| | Quando? | Chi? | Caratteristiche |
|---|---|---|---|
| La prima svolta | | | |
| La scuola genovese | | | |
| La scuola milanese | | | |
| Musica e politica | | | |
| Musica e sentimenti | | | |
| Tendenze recenti | | | |

4 a **Nel vostro Paese ci sono artisti simili ai cantautori italiani? Vi piacciono? Perché sì o perché no? Parlatene in gruppo.**

b **Conoscete qualche canzone degli autori citati? Se sì, cercate il testo e la musica (in internet e/o con l'aiuto dell'insegnante), presentatela e ascoltatela in classe, poi discutetene con i compagni. Se no, lavorate in gruppo: scegliete un cantautore, cercate una sua canzone, presentatela agli altri gruppi e ascoltatela insieme, poi discutetene. Quale delle canzoni presentate vi piace di più? Perché?**

| | |
|---|---|
| l'artista (m./f.) | Künstler(in) |
| il benessere | Wohlstand |
| il/la cantastorie | Bänkelsänger(in) |
| il cantautore / la cantautrice | Liedermacher(in) |
| la corrente | Strömung, Richtung |
| la gioia | Freude |
| l'impegno | Engagement |
| la musica leggera | Unterhaltungsmusik |
| la pace | Frieden |
| affermarsi | sich behaupten, Erfolg haben |
| volare | fliegen |
| minacciato | bedroht |
| paradossale | paradox |
| recitativo | rezitativisch |
| surreale | surreal |

# LA SALUTE È UN DIRITTO DI TUTTI

**1** **Leggete il titolo e guardate le foto. Di che cosa parla il testo secondo voi?**

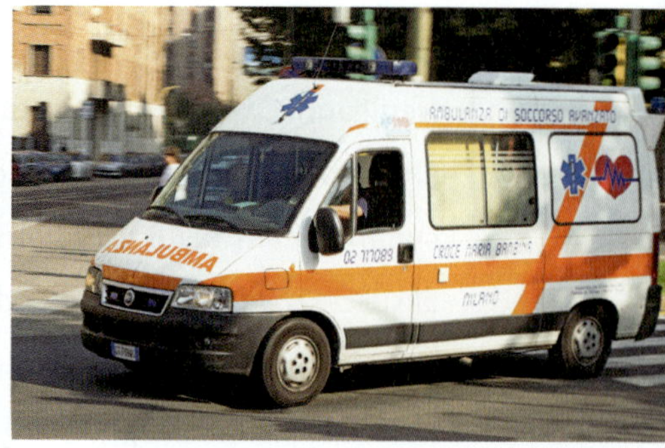

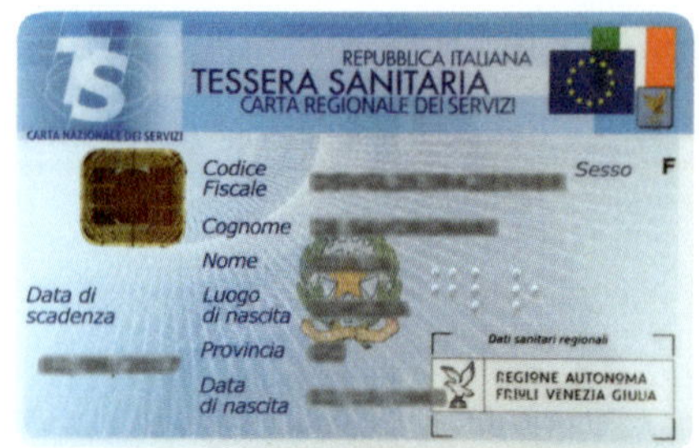


**2** **a** **Leggete rapidamente il paragrafo 1 in basso. Le vostre ipotesi erano corrette?**



**b** **Leggete gli altri paragrafi. Dove trovate le risposte alle domande di pag. 37?**

1 In Italia esiste, dal 1978, il Servizio sanitario nazionale (SSN). Questo significa che non ci sono più tante casse mutue, come prima, ma una sola, uguale per tutti i cittadini: per tutti c'è l'assistenza sanitaria pubblica. Anche gli stranieri che vivono in Italia hanno diritto a questa assistenza. Lo Stato e le Regioni si dividono le competenze: lo Stato stabilisce quali servizi si ricevono sicuramente in tutta l'Italia, mentre la Regione amministra la sanità sul suo territorio e può fornire anche dei servizi in più; quindi, in pratica, ci possono essere differenze da Regione a Regione. Questo sistema funziona attraverso le Aziende sanitarie locali (ASL), che coordinano tutti i servizi nelle città e nei paesi.

2 Ogni persona iscritta al SSN ha diritto a un medico di base per l'assistenza generale. Quando il medico di base non c'è – per esempio di notte o nei giorni festivi – si telefona alla guardia medica. Nei casi di emergenza bisogna andare al pronto soccorso oppure telefonare al 118, numero valido per tutta l'Italia. Medico di base, guardia medica e 118 sono servizi gratuiti. Per avere una visita specialistica o per un esame di laboratorio si va prima dal medico di base, che fa l'impegnativa (cioè la richiesta), e poi si va al CUP (il Centro Unico per le Prenotazioni, che in genere si trova all'ospedale o presso gli uffici dell'ASL) per prendere l'appuntamento.

3 Alcuni servizi del SSN – come visite specialistiche, radiografie o esami di laboratorio – e certi farmaci non sono del tutto gratuiti: bisogna pagare il ticket, cioè una somma di denaro. Alcune categorie di persone, però, non devono pagare il ticket. Qualche farmaco si paga completamente. In generale, il cittadino può scegliere liberamente se andare da uno specialista del SSN o da uno specialista privato che visita e cura a pagamento. Ma anche se si va, per esempio, da un dentista dell'ASL, certe cure si pagano sempre. Invece non si paga il ricovero negli ospedali pubblici.

4 Tutti i cittadini hanno una tessera sanitaria, che serve per ricevere i servizi del SSN. Sul retro della tessera c'è la Tessera Europea di Assicurazione Malattia (TEAM), che serve per ricevere l'assistenza sanitaria in altri Paesi dell'Unione Europea alle stesse condizioni dei cittadini di quel Paese. E come fanno gli stranieri che sono in Italia per turismo? Semplice: i cittadini dell'Unione e di alcuni altri Paesi (Islanda, Liechtenstein, Norvegia e Svizzera) possono usare la TEAM che ricevono nel loro Paese per avere l'assistenza sanitaria (e pagare il ticket) come gli italiani, gli altri devono informarsi prima di partire sulle regole valide per il loro Paese.

paragrafo/i

a Com'è strutturata l'assistenza sanitaria in Italia? 1

b Chi paga i servizi sanitari? ______

c Chi organizza i servizi sanitari in una città? ______

d Quale documento serve per ricevere l'assistenza sanitaria? ______

e Dove si va per avere delle cure? ______

f Come si fa per prenotare un esame di laboratorio? ______

g Quale assistenza ricevono i cittadini stranieri? ______

**c A quali temi trattati nel testo abbinereste le foto del punto 1? Parlatene con un compagno.**

**d Vero o falso? Rileggete e segnate la risposta giusta.**

| | vero | falso |
|---|---|---|
| 1 Solo alcune categorie di persone hanno diritto all'assistenza sanitaria pubblica. | ☐ | ☐ |
| 2 I servizi offerti dalla sanità pubblica sono identici in tutte le Regioni. | ☐ | ☐ |
| 3 Il cittadino deve pagare alcuni servizi. | ☐ | ☐ |
| 4 La tessera sanitaria italiana serve anche in altri Paesi dell'UE. | ☐ | ☐ |

**3** **Quali somiglianze e quali differenze trovate fra il sistema sanitario italiano e quello del vostro Paese?**

**4** a **Guardate di nuovo la foto della tessera sanitaria a pag. 36. Secondo voi, che cos'è il «codice fiscale»? Fate delle ipotesi, poi leggete il testo e verificate.**

Il codice fiscale è un numero di identificazione che ogni cittadino dello Stivale riceve alla nascita e usa per tutta la vita in tantissime occasioni. Per fare che cosa? Beh, naturalmente per tutto quello che riguarda le tasse, ma anche per molte altre cose: per aprire un conto in banca, per comprare un'automobile o una casa, per prenotare una visita specialistica al CUP o detrarre dalle tasse le spese per le medicine, per il contratto del cellulare... In pratica, un italiano ha bisogno del codice fiscale per fare quasi tutto. Ma anche i cittadini stranieri ne hanno bisogno – se per esempio possiedono una casa o un appartamento in Italia o se vivono in Italia e vogliono iscriversi al SSN – e possono richiederlo all'Agenzia delle Entrate.



b **Esiste una cosa simile nel vostro Paese?**

| | |
|---|---|
| l'Agenzia delle Entrate | Finanzamt |
| l'assistenza sanitaria | medizinische Versorgung |
| la cassa mutua | Krankenkasse |
| il codice fiscale | Steuernummer |
| la cura | Behandlung |
| il/la dentista | Zahnarzt, Zahnärztin |
| l'emergenza | Notfall |
| l'esame (m.) di laboratorio | Laboruntersuchung |
| il farmaco | Arzneimittel |
| la guardia medica | ärztlicher Notdienst |
| l'impegnativa | Überweisung |
| il medico di base | Hausarzt |
| l'ospedale (m.) | Krankenhaus |
| il pronto soccorso | Notaufnahme |
| la radiografia | Röntgenaufnahme |
| la salute | Gesundheit |
| la sanità | Gesundheitswesen |
| il Servizio Sanitario Nazionale | nationaler Gesundheitsdienst |
| lo/la specialista | (hier) Facharzt, Fachärztin |
| la tassa | Steuer |
| la tessera sanitaria | Gesundheitskarte, Versichertenkarte |
| Tessera Europea di Assicurazione Malattia (TEAM) | Europäische Krankenversicherungskarte |
| la visita specialistica | fachärztliche Untersuchung |
| amministrare | verwalten |
| curare | behandeln |
| definire | festlegen |
| detrarre | abziehen; (hier) von der Lohnsteuer absetzen |
| dividersi | sich teilen |
| riguardare | betreffen |

**1** **Leggete l'elenco e individuate le festività civili. Poi discutete: che cosa si festeggia, secondo voi, in quei giorni? E perché proprio in quella data?**

1° gennaio: Capodanno | 6 gennaio: Epifania | 25 aprile: Festa della Liberazione
Pasqua | Lunedì di Pasqua | 1° maggio: Festa del lavoro | 2 giugno: Festa della Repubblica
15 agosto: Assunzione di Maria (Ferragosto) | 1° novembre: Ognissanti
8 dicembre: Immacolata Concezione | 25 dicembre: Natale | 26 dicembre: Santo Stefano

**2** a **Guardate le foto. A quali delle feste elencate vi fanno pensare? Perché? Parlatene in gruppo. Leggete i testi e verificate le vostre ipotesi.**

1 Aprile 1945. Dal 25 al 30 ci sono insurrezioni in molte città d'Italia: da una parte le Brigate nere di Mussolini e l'esercito tedesco, dall'altra le truppe alleate, i partigiani e, in molti casi, la popolazione locale. Così finisce la seconda guerra mondiale e per questo il 25 aprile si festeggia l'anniversario della Liberazione dal nazifascismo. A Roma ci sono le celebrazioni ufficiali con il Presidente della Repubblica e anche in molte altre città si svolgono festeggiamenti, spesso organizzati dall'Associazione Nazionale Partigiani.

2 La festa del lavoro o dei lavoratori si celebra il 1° maggio per ricordare le lotte per la conquista dei diritti dei lavoratori. La data è legata ai gravi incidenti avvenuti nel maggio 1886 a Chicago (USA). In Italia questa festa si celebra dal 1891 (ma non durante il fascismo) con manifestazioni dei lavoratori e discorsi di personaggi politici. Dal 1990 si svolge a Roma, in Piazza San Giovanni, il Concerto del Primo Maggio organizzato dai tre principali sindacati.

3 2 giugno 1946: con un referendum gli italiani scelgono fra monarchia e repubblica. Finisce così il Regno d'Italia: il re va in esilio e l'Assemblea Costituente comincia a scrivere la nuova Costituzione. Perciò, dal 1948, la nascita della Repubblica si festeggia il 2 giugno (ma dal 1977 al 2000, per motivi economici, la prima domenica del mese). Si celebra a Roma con una parata militare (ora ridotta, per risparmiare) lungo i Fori Imperiali, il volo delle Frecce Tricolori e la deposizione di una corona di alloro al Milite Ignoto presso l'Altare della Patria.

**b** **In coppia, rileggete i testi e raccogliete le informazioni principali per ogni festa: che cosa si festeggia, quando e come.**

**3** **Che cosa hanno in comune i seguenti giorni? E quale di essi non è una solennità ufficiale? Leggete il testo, completate lo schema e confrontatevi con un compagno.**

| | Solennità ufficiale? | Che cosa si ricorda? |
|---|---|---|
| 27 gennaio | | |
| 10 febbraio | | |
| 8 marzo | | |
| 17 marzo | | |
| 9 maggio | | |

Esistono dei giorni in cui si va scuola e al lavoro come sempre, anche se c'è qualcosa di importante da ricordare: sono le *solennità civili* e le *giornate celebrative*. In queste occasioni, si organizzano eventi collegati a quello che si vuole ricordare e a volte sugli edifici pubblici c'è la bandiera italiana. Le più importanti ricorrenze civili sono quattro.

7

- Il **27 gennaio** è una ricorrenza internazionale: la Giornata della Memoria, dedicata alle vittime del nazifascismo e dell'Olocausto. La data ricorda il 27 gennaio 1945, quando le truppe dell'Armata Rossa hanno aperto i cancelli di Auschwitz. In Italia questa ricorrenza, istituita nel 2000, fa riferimento anche alle leggi razziali italiane del 1938 con le conseguenti persecuzioni degli ebrei.
- Il **10 febbraio** è il Giorno del Ricordo che commemora l'«esodo» degli italiani dalla Jugoslavia (Istria, città di Fiume e Dalmazia) durante e subito dopo la seconda guerra mondiale e le deportazioni di italiani da parte di partigiani jugoslavi avvenute in quel periodo in quelle zone e nel territorio di Gorizia e Trieste. La data è legata alla firma del Trattato di pace (10 febbraio 1947).
- Il **17 marzo** è l'anniversario della proclamazione del Regno d'Italia, avvenuta il 17 marzo 1861, e quindi dell'Unità del Paese.
- Il **9 maggio** è un'altra Giornata della memoria, dedicata in questo caso alle vittime del terrorismo: la data è legata all'omicidio di Aldo Moro, uomo politico ucciso dalle Brigate Rosse nel 1978.

Non è invece una festa ufficiale l'**8 marzo**, Giornata internazionale della donna, istituita per ricordare le conquiste sociali e politiche delle donne, ma anche le discriminazioni che le riguardano. In Italia si usa regalare alle donne un ramo di mimosa, fiore di primavera che è ormai il simbolo di questa festa.

**4** **Esistono nel vostro Paese ricorrenze civili analoghe a quelle descritte ai punti 2 e 3? Quali? Che cosa e come si festeggia? Parlatene in gruppo.**

| | |
|---|---|
| la bandiera | (National-)Flagge |
| il cancello | Tor |
| la celebrazione | Feierlichkeit |
| la deposizione | (hier) Niederlegung |
| la deportazione | Deportation, Verschleppung |
| il diritto | Recht |
| la Festa del lavoro | Tag der Arbeit |
| il giorno festivo | Feiertag |
| la guerra mondiale | Weltkrieg |
| l'incidente (m.) | (hier) Zwischenfall |
| l'insurrezione (f.) | Aufstand |
| le leggi razziali | Rassengesetze |
| la Liberazione | Befreiung |
| la lotta | (hier) Arbeitskampf |
| la manifestazione | Kundgebung |
| il Milite Ignoto | der Unbekannte Soldat |
| l'omicidio | Tötung, Mord |
| la parata militare | Militärparade |
| il partigiano | Widerstandskämpfer |
| la persecuzione | Verfolgung |
| la proclamazione | Ausrufung |
| la ricorrenza | Gedenk- bzw. Jahrestag |
| il sindacato | Gewerkschaft |
| la solennità | (hier) Gedenktag |
| il Trattato di pace | Friedensvertrag |
| la vittima | Opfer |
| celebrare | feiern |
| istituire | einführen |
| proclamare | ausrufen |
| uccidere | töten |

# IL RITMO DEI MESI E DELLE STAGIONI

**1** **Tornate all'unità 7 a pagina 39 e abbinate le festività religiose del punto 1 alle stagioni.**

primavera ______________________ estate ______________________

autunno ______________________ inverno ______________________

**2** a **A quali feste abbinereste le seguenti foto?**

1 ______________________

2 ______________________

3 ______________________

4 ______________________

b **Ora leggete e scrivete nelle righe i nomi delle stagioni.**

Se guardiamo il calendario, notiamo che molte feste accompagnano il passare dei mesi e delle stagioni. Cominciamo... dalla fine.



1 ______________________

Il 31 dicembre l'anno vecchio se ne va e poco dopo, il 1° gennaio, quello nuovo si presenta. Per questo a **San Silvestro** e a **Capodanno** sono legati riti di saluto. L'ultimo dell'anno è un normale giorno di lavoro, ma la sera nelle case e nelle piazze si festeggia: si saluta l'anno vecchio mangiando (molto: per questo si parla del «cenone»), ballando e spesso giocando a tombola; a mezzanotte si dà il benvenuto all'anno nuovo brindando con lo spumante, guardando i fuochi d'artificio e augurando a tutti «Buon anno!». In alcune zone si usa anche bruciare un pupazzo che rappresenta un vecchio, cioè l'anno appena finito. Naturalmente ci sono anche tradizioni legate alla fortuna, come quella, piuttosto recente, di indossare qualcosa di rosso (spesso le mutande) o quella di mangiare le lenticchie, che ricorderebbero le monete e quindi porterebbero fortuna economica.

Il menu di San Silvestro e di Capodanno non è uguale in tutta l'Italia, molto dipende dalle tradizioni locali: le lenticchie spesso accompagnano lo zampone o il cotechino. Il primo dell'anno è un giorno festivo: si riposa, si fa una passeggiata, si sta con amici e parenti e magari si formula qualche buon proposito: «Anno nuovo, vita nuova», si dice.

Anche l'**Epifania** (6 gennaio) è un giorno di festa perché si ricorda la visita dei Re Magi a Gesù Bambino. I bambini italiani ricevono invece la visita della Befana, una vecchia vestita male che arriva nella notte fra il 5 e il 6 gennaio, volando su una scopa, con un sacco pieno di regali (in genere dolci).

Poi arriva **carnevale**, che si festeggia – con maschere, dolci speciali e tradizioni locali diverse – soprattutto in tre giorni: *giovedì grasso*, domenica e *martedì grasso*.

**2** ______________

**Pasqua** non ha una data fissa. La Settimana Santa inizia con la Domenica delle Palme: si usa portare a casa e a volte regalare un ramo d'ulivo o di palma benedetto come simbolo di pace. Il Venerdì Santo si lavora, ma la sera molte persone partecipano alla Via Crucis, che ricorda la Passione di Cristo, mentre nella notte fra sabato e domenica e la domenica mattina ci sono solenni celebrazioni nelle chiese.

A Pasqua si pranza con i parenti o con gli amici: il menu dipende dalle tradizioni locali, ma non mancano mai le uova, simbolo di nuova vita, spesso colorate e usate anche come decorazione. I dolci più diffusi sono le uova di cioccolato, che si regalano ai bambini e contengono una sorpresa, e la colomba pasquale. Il giorno dopo, il Lunedì dell'Angelo, chiamato anche Pasquetta, è festa: di solito si sta con parenti o amici e si fa una gita con attività all'aperto, una grigliata o un picnic.

**3** ______________

Al sole, al caldo e alle vacanze è legata la festa dell'Assunta (15 agosto), detta anche **Ferragosto**.

**4** ______________

All'inizio di novembre ci sono i riti dedicati ai santi e ai morti. Il 1° è un giorno di festa dedicato a tutti i **Santi**. Il 2 novembre è il **Giorno dei Morti**: tradizioni e riti speciali si trovano soprattutto al Sud, in particolare in Sicilia.



**5** È di nuovo

Quando arriva l'inverno, arriva anche **Natale**. In attesa della festa si addobba l'albero di Natale, con palline e luci, oppure si fa il presepe (a volte tutti e due). Il presepe (o presepio) rappresenta la scena della nascita di Gesù, realizzata con le statuine. In molte località si fa anche il presepe vivente, cioè con le persone vere al posto delle statuine. La tradizione del presepio è forte soprattutto a Napoli: qui, in via San Gregorio Armeno, si costruiscono e si vendono statuine, a volte anche particolari, come quelle che raffigurano personaggi famosi.

La vigilia di Natale, il 24 dicembre, è un normale giorno di lavoro, solo a sera la famiglia si riunisce per cenare insieme e poi per scambiarsi i regali (ma in alcune zone questo si fa il 25). Non è chiaro chi porta i regali: in alcune parti d'Italia i bambini credono a Gesù Bambino, in altre a Babbo Natale. A mezzanotte, molti vanno alla Messa di Natale e tutti, almeno una volta nella vita, hanno cantato o sentito cantare *Tu scendi dalle stelle*.

Il giorno di Natale la famiglia di solito pranza o trascorre anche tutta la giornata insieme. Anche il menu di Natale dipende dalle tradizioni locali, ma un dolce diffuso in tutto il Paese è il panettone, originario di Milano. Il periodo natalizio si conclude il 26 dicembre, che è Santo Stefano e giorno di festa. Ancora pochi giorni ed è di nuovo San Silvestro.

**c** **Che cosa si mangia? Trovate nel testo i nomi di questi piatti.**

1 ______________

2 ______________

3 ______________

4 ______________

**d** **Rileggete il testo e completate lo schema.**

| | Quale festa? | Che cosa rappresenta(no)? |
|---|---|---|
| Fuochi d'artificio | | |
| Lenticchie | | |
| Ramo d'ulivo o di palma | | |
| Uova di cioccolato | | |
| Presepe | | |

**3** **Le feste descritte nel testo esistono anche nel vostro Paese? Se sì, che cosa c'è di simile e che cosa c'è di diverso?**

8

**4** **Qual è la vostra festa preferita? Perché? Raccogliete le idee con l'aiuto delle seguenti domande e poi parlatene in gruppo.**

*Come si chiama la vostra festa preferita?*
*Quando si celebra?*
*Che cosa si festeggia e come?*
*Quali simboli di questa festa conoscete?*
*Perché vi piace?*

| | |
|---|---|
| albero di Natale | Weihnachtsbaum |
| Assunzione (f.) di Maria (festa dell'Assunta) | Mariä Himmelfahrt |
| benedetto | geweiht |
| Capodanno | Neujahr |
| la celebrazione | Zelebration |
| la colomba | Taube (Osterkuchen in Form einer Taube) |
| il cotechino | Brühwurst aus Schweinefleisch |
| Domenica delle Palme | Palmsonntag |
| i fuochi d'artificio | Feuerwerk |
| il fuoco | Feuer |
| la lenticchia | Linse |
| Natale (m.) | Weihnachten |
| la pallina | Kugel |
| Pasqua | Ostern |
| Pasquetta (Lunedì dell'Angelo) | Ostermontag |
| il presepe (presepio) | Krippe |
| il proposito | Vorsatz |
| il pupazzo | Puppe |
| il raccolto | Ernte |
| San Silvestro | Silvester |
| la scopa | Besen |
| la statuina | Krippenfigur |
| l'uovo di Pasqua | Osterei |
| lo zampone | gefüllter Schweinefuß |
| addobbare | schmücken |
| natalizio | Weihnachts- |

**1** a **Scrivete sotto ogni foto il nome dello strumento.**

armonica a bocca | clarinetto | fisarmonica | flauto | mandolino | tamburello

1 ______________

2 ______________

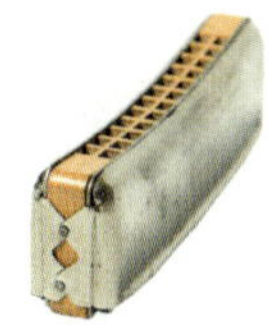

3 ______________

4 ______________

5 ______________

6 ______________

b **Suonate o conoscete qualcuno che suona uno di questi strumenti? A che tipo di musica li associate?**



**2** a **Conoscete musiche o danze tradizionali italiane? Raccogliete informazioni in gruppo.**

b **Leggete i testi e completateli con le espressioni che mancano.**

balli delle valli occitane[1] | liscio | balli tirolesi | balli staccati

[1] Valli alpine al confine tra l'Italia e la Francia dove, oltre all'italiano, si parla anche il provenzale.

Nell'Italia del Nord ci sono diverse danze tradizionali: i ______________, che si trovano nelle zone di Trento, Bolzano, Rovereto, Bressanone, sono danze che di solito accompagnano le feste. In Piemonte sono invece molto diffusi i ______________, che caratterizzano le feste in varie occasioni. Gli strumenti usati per queste danze sono la fisarmonica, il violino, il clarinetto, l'organetto, l'armonica a bocca. In Romagna invece ci sono i ______________, che si danzano in coppia o in gruppo e prevedono una serie di passi con un saltello. Più recente è invece il ______________, che prevede diversi ritmi (come il walzer, la mazurka e la polka) e si danza in coppia in locali tipici chiamati balere.

a coppie | tradizione | diffuso

Nel Centro Italia ricordiamo il saltarello e il trescone. Il salterello ha una ______________ che risale al XIV secolo, è ______________ principalmente nelle regioni del Lazio, Abruzzo, Molise, Marche e Umbria ed è essenzialmente un ballo di coppia. Il trescone ha origini medievali e si danza ______________ con scambio continuo delle dame. È tipico della Toscana e anche delle aree vicine dell'Umbria e della Romagna.

balli sardi | pizzica | tarantella | tammurriata

Al Sud c'è la ______________, che si trova in diverse regioni come la Campania e la Puglia e si è diffusa durante il Regno delle due Sicilie. Secondo la tradizione, il nome deriva da «taranta» cioè tarantola, un ragno molto velenoso, ma questa danza è legata soprattutto al culto del dio greco Dioniso. Fra gli strumenti usati per accompagnare questo ballo troviamo il mandolino, la chitarra e la fisarmonica. Nella zona di Taranto e nel Salento è diffusa una variante della tarantella, la ______________, che ha però un ritmo molto più veloce. Secondo la tradizione, tutte e due le danze servirebbero per guarire dopo il morso della tarantola. Oggi, nei comuni della provincia di Lecce ha luogo un festival di musica popolare chiamato la Notte della Taranta e molto frequentato dalla popolazione locale (nel 2014 hanno partecipato circa 150mila persone).

La ______________ è una danza tradizionale della Campania, cui si partecipa in coppia, al suono di tipici tamburi chiamati tamorre. I ______________, infine, hanno origini preistoriche. Ne esistono di diversi tipi. Una caratteristica comune è che i ballerini si tengono per mano, formando un cerchio e danzando spesso intorno a un grande fuoco. Fra gli strumenti usati, troviamo l'armonica a bocca, la fisarmonica, il flauto e le launeddas, un antico strumento sardo.

9

**c Quali danze sono accompagnate dagli strumenti del punto 1? Parlatene in coppia.**

**3 Conoscete delle danze tradizionali del vostro Paese? Parlatene in gruppo. Poi scegliete una danza e scrivetene una breve descrizione per un sito web dedicato a turisti italiani. Alla fine, presentatela alla classe.**

| | | | |
|---|---|---|---|
| l'armonica a bocca | Mundharmonika | il ragno | Spinne |
| il/la ballerino/a | Tänzer(in) | il saltello | Hüpfer |
| il clarinetto | Klarinette | il tamburello | Tamburin |
| la fisarmonica | Akkordeon | prevedere | vorsehen |
| il flauto | Flöte | risalire | zurückgehen |
| l'impegno | Engagement | diffuso | verbreitet |
| il mandolino | Mandoline | medievale | mittelalterlich |
| il morso | Biss | preistorico | vorgeschichtlich |
| la musica leggera | Unterhaltungsmusik | surreale | surreal |
| l'origine (f.) | Ursprung | velenoso | giftig |
| la pace | Frieden | | |

**1** a **Guardate le immagini, leggete il titolo e le prime tre righe del testo. Di quale tema si parla?**

b **Leggete i nomi in grassetto: a chi abbinereste le foto?**

c **Ora leggete tutto il testo e verificate.**

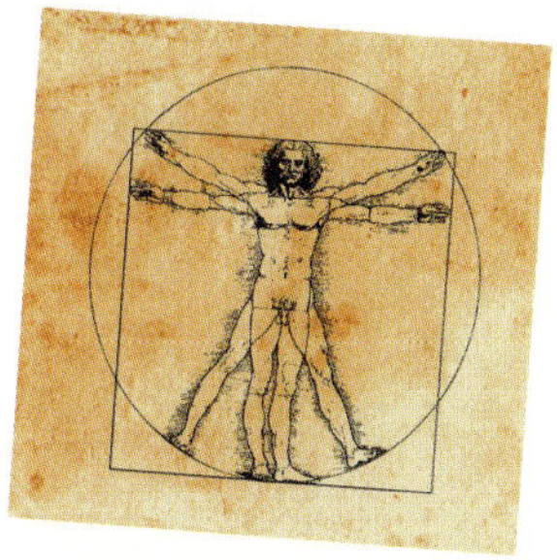

Vi dice qualcosa il nome Antonio Meucci? Forse no. Ma sicuramente usate il telefono, ogni tanto, vero? Bene. Allora continuate a leggere e scoprirete che cosa ha a che fare il signor Meucci con il vostro telefono.

Prima di tutto, parliamo di **Leonardo da Vinci** (1452-1519), pittore e genio universale che anticipa le idee per molti apparecchi realizzati secoli più tardi, come l'elicottero. Leonardo si occupa di tante cose, realizza per esempio molti studi di anatomia e forse avete già visto l'*Uomo vitruviano*, che si trova sulla moneta italiana da 1 euro. Se andate in Toscana, potete fare un salto a Vinci e visitare la casa di Leonardo, dove si possono vedere molti suoi disegni e progetti.

Non molto tempo dopo Leonardo vive **Galileo Galilei** (1564-1642), toscano anche lui, fisico, matematico, filosofo, astronomo. Galileo è anche un grande scrittore e inoltre realizza strumenti innovativi come il cannocchiale (per ingrandire gli oggetti lontani) e il telescopio (per vedere e studiare le stelle); ma soprattutto è il padre della scienza moderna, sperimentale e autonoma dalla filosofia e dalla teologia. Per questo la Chiesa cattolica lo ha condannato.

Se oggi ascoltiamo la radio, lo dobbiamo invece al bolognese **Guglielmo Marconi** (1874-1937), che ha inventato questo strumento e anche il telegrafo senza fili. Infatti l'operatore che si occupa delle comunicazioni radio sulle navi e sugli aerei si chiama «marconista». Nel 1909 Marconi, insieme al tedesco Ferdinand Braun, ha ricevuto il premio Nobel per la fisica.

E se possiamo telefonare, è grazie al signor **Meucci** (1808-1889), fiorentino emigrato in America, che ha inventato il telefono. Ma non aveva abbastanza soldi per pagare il brevetto e così, più tardi, il brevetto del telefono l'ha presentato l'americano Graham Bell, impiegato della Western Union Telegraph Company, società a cui Meucci aveva mandato i suoi progetti. Solo nel 2002 il Congresso degli Stati Uniti ha riconosciuto ufficialmente il merito di Meucci.

Un'altra cosa utile nella vita quotidiana è la pila elettrica, inventata dal fisico **Alessadro Volta** (1745-1827), nato a Como da una famiglia nobile.

**2** Rileggete il testo e preparate una scheda con le informazioni più importanti.

| nome | epoca | settore | cosa ha scoperto / inventato / fatto |
| --- | --- | --- | --- |
| | | | |

**3** Vi vengono in mente altre invenzioni o scoperte utili come quelle citate nel testo? Parlatene in gruppo, raccogliete le idee e poi presentatele alla classe: qual è l'invenzione o la scoperta più citata?

Idea!

è ______________________

l'ha inventato / scoperto ______________________

è utile / importante perché ______________________

**4** **a Leggete il testo: di quale scoperta si parla? L'avete citata nell'attività 3? E che cosa ha a che fare con l'Italia?**

Senza esagerare, possiamo dire che la scoperta dell'America è anche *made in Italy*: i sovrani di Spagna forniscono i soldi, le navi e l'equipaggiamento, ma Genova «fornisce» Cristoforo Colombo, nato appunto in questa città nel 1451, e Firenze Amerigo Vespucci (1454-1512), che compiono i viaggi decisivi per la scoperta del Nuovo Mondo. Secoli dopo, questi due famosi navigatori danno il nome a due navi «gemelle», due velieri della Marina Militare: il Vespucci è ancora in servizio come nave scuola per gli allievi ufficiali. Molti navigatori meno famosi hanno invece fatto la fortuna delle Repubbliche marinare, che tra il X e il XIV secolo dominano le vie commerciali marittime. Gli stemmi delle quattro repubbliche più importanti – Amalfi, Genova, Venezia e Pisa – si trovano ancora oggi nelle bandiere della Marina Militare e della Marina Mercantile.

**b Quale personaggio, invenzione o evento, fra quelli citati, vi piacerebbe conoscere meglio? Perché? In coppia, sceglietene uno, cercate maggiori informazioni e presentatele alla classe motivando la vostra scelta.**

| | |
|---|---|
| l'astronomia | Astronomie |
| l'astronomo/a | Astronom(in) |
| il brevetto | Patent |
| il cannocchiale | Fernrohr |
| l'equipaggiamento | Ausrüstung |
| il/la filosofo/a | Philosoph(in) |
| la fisica | Physik |
| il/la fisico/a | Physiker(in) |
| l'invenzione (f.) | Erfindung |
| il marconista | Funker |
| la Marina Mercantile | Handelsmarine |
| la Marina Militare | Kriegsmarine |
| la matematica | Mathematik |
| il/la matematico/a | Mathematiker(in) |
| la nave | Schiff |
| il navigatore | Seefahrer |
| la pila elettrica | Batterie |
| il pittore/la pittrice | Maler(in) |
| le Repubbliche marinare | Seerepubliken |
| lo/la scienziato/a | Wissenschaftler(in) |
| la scoperta | Entdeckung |
| il telegrafo senza fili | Funktelegraf |
| il telescopio | Teleskop |
| l'Uomo vitruviano | Der vitruvianische Mensch |
| il veliero | Segelschiff |
| la via commerciale | Handelsweg |
| brevettare | patentieren |
| inventare | erfinden |
| scoprire | entdecken |

Blanco
SHARP

Gelati

# B1

# LA STORIA IN ROSA

**1** **Leggete il titolo e guardate le foto. Secondo voi, di che cosa parlerà il testo? Che cosa sapete o immaginate su questo tema?**

**2** **Leggete ora il testo e verificate le vostre ipotesi.**

1

Fin dai tempi antichi e anche in immagini ufficiali (per esempio sulla carta d'identità cartacea), l'Italia è raffigurata come una donna, generalmente con le caratteristiche fisiche tipiche delle donne mediterranee. Ma come vivono le italiane reali? Da quando, per esempio, possono votare? A livello nazionale, le donne italiane hanno votato per la prima volta il 2 giugno 1946, quando il Paese ha scelto fra monarchia e repubblica. Allora, 21 donne sono diventate deputate dell'Assemblea Costituente, che ha scritto la nuova Costituzione, in cui si dice, tra l'altro, che «tutti i cittadini hanno pari dignità sociale e sono uguali davanti alla legge, senza distinzione di sesso, di razza, di lingua, di religione, di opinioni politiche, di condizioni personali e sociali» (articolo 3).

Ma quanto tempo ci è voluto per realizzare la parità stabilita dalla Costituzione? Molto. I costumi sociali assegnavano alla donna il ruolo di sposa e madre, sostanzialmente subordinata all'uomo. E anche per la legge era così: fino al 1981 esistevano addirittura il «matrimonio riparatore» (bastava sposare la donna per «riparare» una violenza sessuale) e il «delitto d'onore». Ma le donne – che durante la guerra hanno sostituito gli uomini al lavoro e partecipato alla Resistenza – a un certo punto dicono basta: negli anni Settanta scoppiano le proteste del movimento femminista. Tra le conquiste più importanti: la legge sul divorzio (1970), quella sull'aborto (1978) e la riforma del diritto di famiglia (1975), che stabilisce la piena parità fra marito e moglie. Tra l'altro, ora la donna conserva il proprio cognome di nascita anche dopo il matrimonio.

Le Costituenti hanno aperto la strada, ma la carriera delle donne nelle istituzioni non è facile: le prime a raggiungere alte cariche dello Stato sono state Tina Anselmi (dal 1976 al 1979 Ministro del Lavoro e poi della Sanità) e Nilde Iotti, Presidente della Camera dei Deputati dal 1979 al 1992. Ai posti di comando le donne sono ancora molte meno degli uomini, anche se dal 1963 hanno accesso a tutte le cariche, professioni e impieghi pubblici e sono entrate in settori tradizionalmente maschili come la magistratura e, dal 2000, l'esercito. Nel dicembre 2013 ha fatto notizia la nomina della prima donna a generale dei Carabinieri e due mesi dopo quella della senatrice Roberta Pinotti a Ministro della Difesa. Nel 2014 si parla di svolta perché ci sono donne alla guida di 8[1] ministeri su 16, di alcune università e di aziende importanti.

Ma le donne continuano a guadagnare, in media, meno dei loro colleghi (anche se, soprattutto fra i giovani, hanno un livello di istruzione più alto e se la Costituzione stabilisce parità di diritti e di retribuzione) e a sostenere il peso maggiore della famiglia (cura dei figli, degli anziani e della casa). Anche con la lingua ci sono dei problemi: termini come «avvocata», «magistrata», «architetta», «sindaca» non sono accettati da tutti; quando siamo malati ci cura il medico (anche se è una donna) e le titolari di un Ministero sono, ufficialmente, «il Ministro». Vogliamo partire da qui, per realizzare la parità stabilita dalla Costituzione?

[1] Fino al 31 ottobre 2014, quando Federica Mogherini è passata dal Ministero degli Affari esteri alla Commissione Europea.



**3** a **Rileggete il testo e scegliete una soluzione: ieri (= prima del 1946), oggi o ieri *e* oggi.**

| | ieri | oggi |
|---|---|---|
| 1 Possono votare solo gli uomini. | ☐ | ☐ |
| 2 Tutti i cittadini italiani sono uguali davanti alla legge. | ☐ | ☐ |
| 3 In Italia è possibile divorziare. | ☐ | ☐ |
| 4 Le donne hanno accesso a tutte le professioni. | ☐ | ☐ |
| 5 Ai posti di comando ci sono più uomini che donne. | ☐ | ☐ |
| 6 Le ragazze sono più istruite dei ragazzi. | ☐ | ☐ |
| 7 Soprattutto le donne si occupano della casa. | ☐ | ☐ |

b **In gruppo, confrontate le soluzioni e cercate di precisare le date, con l'aiuto del testo. Quali sono stati, secondo voi, i momenti di svolta?**

**4** **Quali differenze e somiglianze notate fra la condizione della donna in Italia e quella nel vostro Paese? Parlatene in classe.**

**5** **Leggete le mini-biografie a pag. 54. Quali somiglianze e differenze notate? E che ruolo sociale hanno queste donne, secondo voi?**

### Felicia Bartolotta Impastato (Cinisi, 1916-2004)

Sposata con un mafioso, diventa poi un simbolo della lotta alla mafia. Quando il figlio Giuseppe si ribella al padre e ai boss locali, lei sta dalla sua parte. Dopo la morte di Giuseppe (ucciso nel 1978, a soli 30 anni), Felicia si impegna per tenere viva la memoria del figlio, per far arrestare gli assassini[2] e per promuovere la lotta contro Cosa Nostra.

[2] far arrestare gli assassini = die Mörder verhaften lassen

### Letizia Battaglia (Palermo, 1938)

È una fotografa, la prima donna europea a ricevere, a New York, il Premio Eugene Smith. Comincia a fotografare nei primi anni Settanta per il quotidiano *L'Ora* di Palermo e per l'agenzia *Informazione fotografica*. Da allora non smette più di documentare fatti di mafia. Non solo i fatti: le sue foto, in bianco e nero, documentano anche il contesto sociale e le emozioni che fanno da sfondo. E Letizia gira per paesi e città, con mostre ambulanti, per aprire gli occhi ai siciliani (e agli italiani). Si impegna in politica con i Verdi, ma la sua «arma di battaglia» è la macchina fotografica.



### Rita Atria (Partanna, 1974 – Roma, 1992)

Nata e cresciuta in una famiglia mafiosa, dopo l'uccisione del padre (1985) e del fratello (1991) decide di seguire l'esempio della cognata Piera Aiello e di collaborare con la giustizia. Racconta i segreti di famiglia al giudice Paolo Borsellino e per questo la famiglia, anche la madre, è contro di lei. Quando Borsellino muore in un attentato (1992), Rita non trova più la forza di continuare e si toglie la vita.

### Pina Maisano Grassi (Palermo, 1928)

Sposata con Libero Grassi, conduce insieme a lui l'azienda di famiglia nel settore tessile. Libero si rifiuta di pagare il «pizzo» e per questo nel 1991 viene ucciso da Cosa Nostra. Pina reagisce con l'azione: s'impegna prima in politica, con i Verdi in Parlamento, e poi in diverse iniziative sociali a Palermo, per esempio nelle scuole. Sostiene, tra l'altro, l'associazione Addiopizzo, che raggruppa imprenditori e commercianti che, come Libero, non pagano il pizzo.

| | |
|---|---|
| l'aborto | Abtreibung |
| l'Assemblea Costituente | verfassungsgebende Versammlung |
| la Costituzione | Verfassung, Grundgesetz |
| la cura degli anziani | Altenpflege |
| la cura della casa | Haushaltsführung |
| il delitto d'onore | Ehrverbrechen |
| la deputata | die Abgeordnete |
| la dignità | Würde |
| il diritto di famiglia | Familienrecht |
| il divorzio | Scheidung |
| la magistratura | Richterstand |
| la mostra ambulante | Wanderausstellung |
| la parità | Gleichheit |
| il movimento femminista | Frauenbewegung |
| il pizzo | (hier) Schutzgeld |
| il posto di comando | Führungsposition |
| la Resistenza | Widerstand gegen den Nazifaschismus |
| il/la titolare | (hier) Amtsinhaber(in) |
| l'uccisione (f.) | Ermordung |
| la vittima | Opfer |
| guadagnare | (Geld) verdienen |
| votare | wählen |
| subordinato | untergeordnet |

**1** **Che cosa associate alla parola «famiglia»? Raccogliete le idee in gruppo.**

**2** a **Che cosa caratterizza la famiglia italiana? Leggete una volta i testi per farvi un'idea, poi scambiatevi con un compagno le informazioni più interessanti. Attenzione: i testi non sono in ordine cronologico.**

☐ 1 Che cos'è una famiglia? Fino a un secolo fa la risposta era chiara: padre, madre (naturalmente sposati) e figli. Le famiglie erano numerose – cinque, sei, sette figli o anche di più erano frequenti – e spesso vivevano sotto lo stesso tetto più generazioni. Inoltre c'era una precisa gerarchia: il capofamiglia era il marito, la moglie aveva un ruolo subordinato. In Italia questo modello ha funzionato più o meno fino agli anni Cinquanta del Novecento. E poi?

☐ Ma come è cambiato il modello familiare? Innanzi tutto, i nuclei familiari sono sempre più piccoli: oggi il modello più diffuso è quello con uno o due figli, nel Sud e nelle isole maggiori la media è un po' più alta, mentre al Nord e al Centro siamo sotto la media. In continuo aumento, a partire dagli anni Ottanta, sono anche le coppie senza figli. Sempre più numerose sono poi le persone che vivono sole: secondo il censimento del 2011, più del 30% delle famiglie italiane sono costituite da single. Aumenteranno ancora?

☐ A partire dagli anni Sessanta, l'intera società italiana ha subito profonde trasformazioni: lo sviluppo economico, il maggiore accesso delle donne all'istruzione e al lavoro, ma anche fenomeni come le contestazioni studentesche e il movimento femminista hanno messo in discussione i rapporti fra le generazioni, le gerarchie, i rapporti fra uomo e donna. E così anche il modello familiare è cambiato. Un periodo particolarmente importante sono stati gli anni Settanta, quando i cambiamenti si sono concretizzati nel nuovo diritto di famiglia, riformato nel 1975: da allora non esiste più il capofamiglia, c'è piena parità fra marito e moglie, per esempio per quanto riguarda l'educazione dei figli.

☐ Accanto alla famiglia tradizionale ci sono ora anche altre forme di convivenza: molte coppie, per esempio, vivono insieme e magari hanno figli, senza però essere sposate. Queste si chiamano «coppie (o famiglie) di fatto». Numerose sono ormai anche le cosiddette «famiglie allargate»: sono quelle famiglie in cui uno o più figli derivano da precedenti unioni dei genitori. E aumentano anche le famiglie in cui i figli, soprattutto in seguito a separazione o divorzio dei genitori, vivono solo con la madre o solo con il padre. Molti anziani, invece, vivono con la famiglia dei figli o con la cosiddetta badante, una persona che non fa parte della famiglia ma si occupa di un anziano non più autonomo.

2

[6] Un punto fisso e un ritorno. Affitto? No grazie, se possibile. Un punto fisso per gli italiani è la casa di proprietà: crisi o non crisi, oltre il 70% delle famiglie possiede la casa in cui abita. Il ritorno è quello dei genitori come modello per i figli: pare che i ragazzi italiani stiano riscoprendo i genitori, soprattutto il padre, come esempi da seguire. Forse è questo il modo italiano di interpretare il cambiamento: un mix di antico e moderno.

☐ Una cosa è rimasta costante: anche nel terzo millennio, per gli italiani la famiglia è il punto di riferimento più importante, l'ombrello sotto cui si cerca riparo in tutti i momenti di difficoltà. Sono molti i giovani italiani fra i 18 e i 34 anni che vivono in casa dei genitori, ma anche la maggioranza delle persone che vanno a vivere da sole o con un partner non si allontana molto dai genitori: i due terzi rimangono nello stesso comune di residenza, spesso poco lontano da casa. Inoltre, a causa della crisi economica cresce il numero delle persone non più giovani che tornano a vivere con mamma e papà e degli anziani che si trasferiscono a casa dei figli: la pensione, oggi, serve anche a mantenere normali famiglie.

b **Rileggete i testi e metteteli in ordine cronologico, come negli esempi.**

**3** **Vero o falso? Leggete i testi ancora una volta e scegliete la risposta giusta.**

| | vero | falso |
|---|---|---|
| 1 La struttura della famiglia italiana è rimasta costante nel tempo. | ☐ | ☐ |
| 2 Dal 1975 madre e padre prendono insieme le decisioni che riguardano i figli. | ☐ | ☐ |
| 3 In Italia nascono molti meno bambini che 100 anni fa. | ☐ | ☐ |
| 4 Una «coppia di fatto» è una coppia realmente sposata. | ☐ | ☐ |
| 5 Una «famiglia allargata» è una famiglia con molti figli. | ☐ | ☐ |
| 6 I ragazzi italiani se ne vanno di casa molto presto. | ☐ | ☐ |
| 7 Gli italiani preferiscono comprare casa piuttosto che vivere in affitto. | ☐ | ☐ |

**4** **Avete ritrovato nei testi alcune delle idee raccolte al punto 1? Ci sono delle informazioni che vi hanno sorpreso? Parlatene con un compagno.**

**5** **Quali somiglianze e quali differenze notate fra l'Italia e il Paese in cui vivete? Parlatene in gruppo.**

| | |
|---|---|
| l'affitto | Miete |
| il capofamiglia | Familienoberhaupt |
| il censimento | Volkszählung |
| la contestazione studentesca | Studentenprotest |
| la convivenza | Zusammenleben |
| la coppia di fatto | nichteheliche Lebensgemeinschaft |
| il diritto di famiglia | Familienrecht |
| il divorzio | Scheidung |
| la famiglia allargata | Patchworkfamilie |
| il nucleo familiare | Familie, Haushalt |
| il riparo | Schutz |
| la separazione | Trennung |
| la (profonda) trasformazione | (tiefgreifende) Veränderung |
| convivere | zusammenleben |
| divorziare | sich scheiden lassen |
| essere costituito da | bestehen aus |
| separarsi | sich trennen |
| sposarsi | heiraten |

# GLI ITALIANI E LO SPORT

**1** a **Secondo voi, gli italiani praticano molto o poco sport? E quali sport preferiscono praticare? Quali invece seguono di più come tifosi? Conoscete dei personaggi dello sport italiano? Parlatene con un compagno.**

b **Ora leggete i testi, abbinate ad ognuno un titolo e verificate le vostre ipotesi.**

**Il più amato dagli italiani**

**Sportivi, ma non troppo?**

**Passioni e campioni**

1 ____________________

Gli italiani sono sportivi? È difficile dirlo in generale: secondo le statistiche, circa la metà della popolazione con più di 3 anni pratica uno sport con continuità o fa almeno un'attività fisica come correre o andare in bicicletta. Praticano sport soprattutto i giovani, che però ne fanno poco a scuola, dove ci sono solo due ore settimanali di educazione fisica. In compenso, ci sono molte associazioni sportive che permettono di allenarsi nel tempo libero.

Lo sport più diffuso, a livello attivo e passivo, è il calcio: oggi non lo praticano più solo i ragazzi, ma anche le ragazze, infatti c'è una nazionale di calcio femminile. Fra le ragazze sono molto diffuse anche la ginnastica (artistica e ritmica) e la danza. Uno sport praticato da molte persone (maschi e femmine di tutte le età) è il nuoto. Fra gli adulti è molto diffusa l'abitudine di andare in palestra per tenersi in forma e magari anche per rilassarsi con sauna e massaggi.

2 ____________________

Anche quando non sono sportivi, gli italiani sono in genere ottimi tifosi: seguono le gare sportive allo stadio, alla tv o sui giornali. Infatti in Italia ci sono tre quotidiani interamente dedicati allo sport: la Gazzetta dello Sport, il Corriere dello Sport-Stadio e Tuttosport.
La Gazzetta si riconosce facilmente per il colore rosa della carta: vi ricorda qualcosa? Esatto: è rosa la maglia del primo classificato al Giro d'Italia, gara ciclistica a tappe che la Gazzetta organizza ogni anno dal 1909. Il ciclismo italiano ha visto grandi vittorie, come quelle di Felice Gimondi negli anni '60–'70 e di Marco Pantani negli anni '90, e rivalità leggendarie, come quelle fra Gino Bartali e Fausto Coppi («il campionissimo») negli anni '40 e '50 o Francesco Moser e Giuseppe Saronni negli anni '70 e '80.
Un'altra passione degli italiani è la Ferrari, la casa automobilistica di Modena con le macchine rosse che gareggiano in Formula 1.
Anche altri sport entusiasmano i tifosi quando ci sono atleti italiani che vincono, per esempio lo sci (con Gustav Thoeni e Piero Gros negli anni '70 o più tardi Alberto Tomba) e il nuoto (con Federica Pellegrini negli anni 2000). Gli atleti italiani conseguono spesso ottimi risultati anche nella scherma, nell'atletica leggera o nella pallanuoto, per esempio alle Olimpiadi, ma questi sport sono meno seguiti.

3 ____________________

Lo sport più popolare è sicuramente il calcio, che infatti ha più spazio di tutti sui giornali e in televisione. L'evento più seguito è il campionato di serie A, dove le squadre giocano per vincere lo scudetto (cioè il titolo di campione d'Italia), ma esistono anche serie minori (Serie B e Lega Pro). Anche nel calcio esistono grandi rivalità, soprattutto fra due squadre di una stessa città: le partite Genoa-Sampdoria (Genova), Inter-Milan (Milano), Juventus-Torino (Torino) e Roma-Lazio (Roma) si chiamano *derby* e sono particolarmente seguite dai tifosi e dalla stampa. La Nazionale, invece, mette d'accordo tutti e alcune partite sono leggendarie, per esempio quella vinta per 4 a 3 dall'Italia contro la Germania ai mondiali 1970 in Messico. Purtroppo, il tifo non è solo passione e gioia: soprattutto dagli anni '90 sono sempre più numerosi gli *ultras*, cioè i tifosi violenti che provocano scontri con altri tifosi e con la polizia. Questo è un problema molto grave non solo per il calcio, ma per la società italiana.

**2** **Rileggete i testi e rispondete alle domande.**

1 Dove fanno sport i ragazzi italiani?
2 Quali sono gli sport più praticati?
3 Qual è lo sport più seguito dai tifosi?
4 Quali rivalità sono citate nel testo?
5 Che cos'è un derby?
6 Di quali aspetti negativi parla il testo?

**3** **Quali sono, secondo voi, gli sport più praticati nel vostro Paese? E quelli più seguiti? Ci sono degli atleti molto amati dai tifosi? Chi sono? Perché sono amati?**

**4** a **Guardate la foto a destra. Quali colori usano i tifosi? Sapete perché? Parlatene in gruppo.**

b **Ora leggete il testo e verificate.**

Le squadre nazionali e gli atleti che rappresentano l'Italia nelle competizioni internazionali (Olimpiadi, Campionati mondiali, Campionati europei ecc.) si riconoscono per il colore azzurro della maglia, accompagnato dallo scudetto tricolore. La prima a indossare la maglia azzurra è stata la Nazionale di calcio nel 1911, gli altri sport l'hanno seguita. Ma perché proprio questo colore? L'azzurro fa parte dell'iconografia tradizionale dell'Italia e simboleggia qualità positive: si vede, per esempio, come simbolo di comando (e delle Forze Armate) nello stendardo del Capo dello Stato. Era anche il colore tipico di Casa Savoia, cioè la dinastia del re d'Italia, e lo sport lo ha scelto, più di un secolo fa, proprio in onore della famiglia reale. Da allora gli sportivi delle nazionali sono chiamati «azzurri». Il tricolore è invece quello della bandiera italiana. Ma che cosa significano le stelle che si vedono sullo scudetto? Ogni stella sulla maglia della nazionale di calcio rappresenta un Campionato Mondiale vinto dall'Italia: nel 1934, nel 1938, nel 1982 e nel 2006. Se volete saperne di più sugli azzurri o sullo sport italiano, potete visitare i siti internet www.figc.it e www.museodelcalcio.it per il calcio e www.coni.it per lo sport in generale.

**5** **Quali colori indossano le nazionali del vostro Paese? C'è un colore tipico? Sapete perché? Conoscete dei colori che rappresentano altri Paesi? Parlatene in classe ed elencate tutti i «colori dello sport» che conoscete.**

| | | | |
|---|---|---|---|
| l'associazione (f.) sportiva | Sportverein | la pallacanestro | Basketball |
| l'atleta (m./f.) | Athlet(in) | la pallanuoto | Wasserball |
| l'atletica (leggera) | (Leicht)Athletik | la pallavolo | Volleyball |
| il calcio | Fußball | la scherma | Fechten |
| il ciclismo | Radsport | lo sci | Skifahren |
| il comando | (hier) Führung | lo scontro | Zusammenstoß |
| la competizione | Wettbewerb | lo scudetto | Meistertitel; Abzeichen für den Meistertitel |
| l'educazione (f.) fisica | Sportunterricht | lo/la sportivo/a | Sportler / Sportlerin |
| la ginnastica artistica | Kunstturnen | lo stendardo | Banner, Fahne |
| la ginnastica ritmica | rhythmische Gymnastik | il/la tifoso/a | Fan |
| l'impresa | (hier) sportliche Heldentat | allenarsi | trainieren |
| il nuoto | Schwimmen, Schwimmsport | violento | gewalttätig |

**1** **Che cosa sapete dell'economia italiana? Parlatene in gruppo e provate a completare il questionario.**

1 L'Italia ha
- ☐ molte ☐ poche risorse naturali.

2 L'Italia importa
- ☐ molta ☐ poca energia.

3 Lo sviluppo industriale è avvenuto
- ☐ in modo diverso nel Nord, Centro e Sud.
- ☐ nello stesso modo in tutte le regioni.

4 Oggi il settore più dinamico è quello
- ☐ dell'agricoltura.
- ☐ dell'industria.
- ☐ dei servizi.

**2** a **Leggete il testo, completatelo con i seguenti vocaboli e verificate le vostre idee.**

energia | industrializzati | globali | Nord-Est | Nord-Ovest | porto | servizi | Sud

L'Italia ha poche risorse naturali e perciò deve importare materie prime ed ____________, anche se nel Mar Adriatico si estrae il metano. Fino alla seconda guerra mondiale l'economia si basa soprattutto sull'agricoltura, fondamentale anche per lo sviluppo dell'area più industrializzata, quella del ____________, che ruota intorno al triangolo Milano, Torino e Genova: qui – grazie a manodopera specializzata, all'iniziativa di imprenditori privati, all'energia elettrica delle centrali alpine, a una buona rete di trasporti e a un grande ____________ – già nell'Ottocento nascono alcune industrie importanti (p. es. tessili) e lo sviluppo continua nel XX secolo, soprattutto negli anni '50 e '60, quelli del «boom» economico. Il ____________ e il Centro si sviluppano secondo un modello diverso, basato su aziende piccole e medie e su una rete di città: «piccolo è bello» diventa lo slogan di queste regioni. Nasce così anche l'idea dei distretti[1]. Nel ____________ l'industria è meno sviluppata e dipende in gran parte dall'aiuto dello Stato, quindi anche trovare lavoro è più difficile. Oggi l'Italia è uno dei Paesi più ____________ del mondo (fa parte del G7 e dell'OCSE, l'Organizzazione per la Cooperazione e lo Sviluppo Economico), ma il settore più dinamico è ormai quello dei ____________ (p. es. quelli legati al turismo), il cosiddetto terziario. L'economia, però, soffre molto le crisi economiche ____________, anche a causa di problemi come l'evasione fiscale e la criminalità organizzata, che ha un giro d'affari enorme.

[1] Vedi A2, unità 3, *Made in Italy*.

b **Quali delle idee raccolte al punto 1 avete ritrovato nel testo? Che cosa avete trovato di nuovo? Parlatene in coppia.**

**3** a **«Pescate» nei contenitori e abbinate ogni azienda a un prodotto o servizio e a una località, come nell'esempio.**

Es.: Fonderia Pontificia Marinelli – campane – Agnone



Barilla, Benetton, ~~Fonderia Pontificia Marinelli~~, Fiat, Luxottica, Mediaset, Nonino, Olivetti, Pirelli

alimentari, abbigliamento, automobili, ~~campane~~, grappa, prodotti per ufficio, occhiali, pneumatici, televisione

~~Agnone~~, Milano, Milano, Ivrea, Parma, Ponzano Veneto (Treviso), Torino, Agordo (Belluno), Percoto (Udine)

b **Tre delle aziende citate al punto 3a non portano il nome della famiglia fondatrice. Provate a scoprirlo voi: a quali aziende abbinereste i nomi Agnelli, Berlusconi e Del Vecchio?**

c **Che cosa sapete delle aziende e delle famiglie citate al punto 3a? Quali sono note nel vostro Paese? E perché lo sono, secondo voi? Ne conoscete altre? Parlatene in gruppo.**

**d** **Che cosa ha di speciale l'azienda di cui parla il seguente testo? Leggete e parlatene con un compagno.**

La dimensione ridotta dell'impresa e il radicamento nel territorio sono caratteristiche specifiche del capitalismo italiano: non a caso, molte aziende di successo sono nate come «progetto di vita» di una famiglia. Ma a volte sono anche di più. L'Olivetti, per esempio, fondata nel 1908 dall'ingegner Camillo, non si limita a produrre macchine per scrivere, calcolatrici e computer, ma coinvolge l'intera città di Ivrea in un progetto di innovazione sociale: per Adriano – figlio di Camillo, imprenditore fuori dagli schemi, editore, politico, urbanista – la fabbrica non deve solo produrre beni, ma anche fare il bene della comunità in cui è inserita. Nasce così, a partire dagli anni Trenta, un nuovo tipo di organizzazione del lavoro: gli operai olivettiani ricevono stipendi più alti di chi lavora in altre aziende, nelle pause possono servirsi di biblioteche, partecipare a dibattiti e migliorare la propria formazione, hanno servizi sociali, asili e abitazioni vicino alla fabbrica. Nasce così anche un nuovo modello architettonico e urbanistico di cui resta testimonianza ancora oggi e infatti Ivrea si candida a sito Unesco come città industriale del XX secolo. Uno sviluppo responsabile, sostenibile e innovativo: è questa l'eredità che ci lascia Adriano Olivetti, l'ingegnere che costruiva il futuro.

**e** **Conoscete altri progetti simili in Italia, nel vostro Paese o altrove? Parlatene in gruppo. Se volete saperne di più, potete fare una visita virtuale al Museo a cielo aperto dell'architettura moderna di Ivrea (http://www.maam.ivrea.it) o consultare il sito www.fondazioneadrianolivetti.it.**

**4** **Ognuno di voi sceglie una delle aziende citate al punto 3a e cerca delle informazioni sulla sua storia. Formate poi dei gruppi e ognuno presenta la sua azienda. Conoscete delle storie industriali analoghe nel vostro Paese?**

| | |
|---|---|
| l'agricoltura | Landwirtschaft |
| l'asilo | Kindergarten |
| il bene | Wohl |
| i beni | Güter |
| la centrale elettrica | Stromkraftwerk |
| la comunità | Gemeinschaft |
| l'editore/l'editrice | Verleger(in) |
| l'eredità | das Erbe |
| l'evasione (f.) fiscale | Steuerhinterziehung |
| il giro di affari | Umsatz |
| l'imprenditore/l'imprenditrice | Unternehmer(in) |
| la manodopera | Arbeitskräfte |
| la materia prima | Rohstoff |
| OCSE | OECD |
| il radicamento | Verwurzelung |
| la risorsa | Ressource |
| il servizio | Dienstleistung |
| lo stipendio | Lohn, Gehalt |
| l'urbanista (m./f.) | Stadtplaner(in) |
| coinvolgere | mit einbeziehen |
| soffrire | leiden |
| alpino | Alpen- |
| inserito | eingefügt |
| sostenibile | nachhaltig |
| urbanistico | städtebaulich |

# UN PATRIMONIO DELL'UMANITÀ

**1** a **Sapete cos'è la Lista del Patrimonio dell'Umanità *(World Heritage List)* dell'Unesco? Secondo voi, quali caratteristiche deve avere un luogo per essere incluso in questa lista? Parlatene in classe.**

b **Nelle foto vedete alcuni siti Unesco italiani. Riconoscete qualche luogo? Secondo voi, perché sono inclusi nella Lista del Patrimonio dell'Umanità? Parlatene in gruppo.**

a ______________________

b ______________________

5

c ______________________

d ______________________

**2** **Leggete i testi, scoprite i nomi dei siti e scriveteli sotto le foto.**

1 I Sassi di Matera, in Basilicata, sono case scavate nella roccia: un esempio di abitato umano perfettamente adattato al contesto naturale. Sono molto antichi e testimoniano l'evoluzione della cultura locale e della sua relazione con l'ambiente naturale. La città dei Sassi è stata anche nominata, insieme a Plovdiv (Bulgaria), Capitale europea della cultura per il 2019.

2 San Gimignano è una cittadina toscana a sud di Firenze, dove un tempo facevano tappa i pellegrini che andavano o tornavano da Roma lungo la via Francigena. Fin da lontano si vedono le sue torri, costruite dalle famiglie patrizie come simbolo di ricchezza e di potere: un tempo erano 72, oggi ce ne sono ancora 14. E per l'Unesco il centro storico medievale è un «capolavoro del genio creativo umano».

3 L'area archeologica di Agrigento è un'eccezionale testimonianza della civiltà greca in Sicilia. Fondata nel VI secolo a. C., la colonia di Akragas diventa una delle città più importanti del Mediterraneo. Oggi troviamo ancora templi dorici, resti delle agorà, delle necropoli pagane e cristiane, degli acquedotti antichi.

4 Cinque borghi storici e variopinti in posizione spettacolare sulla costa ligure: Monterosso, Vernazza, Corniglia, Manarola e Riomaggiore. Sono le Cinque Terre: paesi marinari e vigneti a terrazzo, ricchi di colori e fascino, che fanno parte del Parco nazionale delle Cinque Terre.

**3** a **Conoscete altri siti Unesco (non solo italiani)? Perché sono inclusi nella Lista del Patrimonio dell'Umanità? Parlatene in gruppo.**

b **Consultate la pagina web www.unesco.it, cercate la lista dei siti Unesco italiani, sceglietene uno e annotate le informazioni essenziali (che cos'è, dov'è, perché è inserito nella lista) e poi presentatelo alla classe.**

**4** a **Secondo voi, quali sono le località italiane (regioni, città) più visitate dai turisti? Parlatene in gruppo.**

b **Secondo voi, quali aspetti positivi e quali aspetti negativi può avere il turismo di massa per le città d'arte? In coppia, fate due liste, poi confrontatevi con un'altra coppia.**

Aspetti positivi: ____________________

Aspetti negativi: ____________________

**5** a **Leggete il testo: di quale località e di quale problema si parla? Quale soluzione si propone per il problema? Confrontatevi poi con un compagno.**

Per l'Unesco il centro storico di San Gimignano è un «capolavoro del genio creativo umano», per altri, invece, è ormai diventata una Disneyland del Medioevo. I tre milioni di turisti che ogni anno la invadono stanno cambiando (o hanno già cambiato?) faccia alla cittadina. Anche perché il centro storico ha perso due terzi dei suoi residenti, soprattutto giovani – che per esempio non possono più permettersi una casa: troppo cara – e tutto è concentrato sul turismo. Un turismo di massa del genere «mordi e fuggi», non un turismo di alto livello culturale. Questo preoccupa anche l'Unesco che, come diverse persone, chiede un numero chiuso per i turisti. Può essere una soluzione?

b **Siete favorevoli o contrari alla soluzione proposta? Parlatene con un compagno e preparatevi a discutere in gruppo. Se volete, potete prendere appunti e utilizzare le idee raccolte al punto 4b.**

c **Lavorate in gruppo. Siete il Consiglio comunale di San Gimignano. Nella riunione di oggi si discute la proposta di limitare il numero dei turisti. Discutete e cercate di prendere una decisione (o rimandatela alla prossima riunione, se non riuscite a mettervi d'accordo).**

d **Alla fine ogni Consiglio riferisce alla classe la decisione presa. Qual è la scelta più frequente: pro o contro il numero chiuso?**

5

| | |
|---|---|
| l'abitato | Siedlung |
| l'acquedotto | Aquädukt |
| l'affetto | Liebe, Zuneigung |
| l'eredità | das Erbe |
| l'evoluzione (f.) | Entwicklung |
| la fede | Glaube |
| la necropoli | Totenstadt |
| il/la pellegrino/a | Pilger(in) |
| il potere | Macht |
| la testimonianza | Zeugnis |
| la torre | Turm |
| il vigneto | Weinberg |
| coinvolgere | mit einbeziehen |
| fare tappa | Rast machen |
| incarnare | verkörpern |
| proteggere | schützen |
| salvare | retten |
| scavare | graben |
| testimoniare | zeugen |
| amministrativo | Verwaltungs- |
| deturpato | verunstaltet |
| fondato | gegründet |
| pagano | heidnisch |
| patrizio | adelig |
| urbanistico | städtebaulich |
| variopinto | bunt |
| a. C. | v. Ch. |
| d. C. | n. Ch. |

**1** **a** **Avete già visto o sentito nominare qualche film italiano? Conoscete o avete sentito parlare di qualche regista o attore italiano? Parlatene in gruppo.**

| film | registi/e | attrici | attori |
|---|---|---|---|
| | | | |

**b** **Lavorate con tutta la classe: scambiatevi le informazioni e fate una lista comune, poi abbinate i film e i registi ai seguenti generi cinematografici. Infine provate a raccogliere altre idee: sapete ancora qualcosa sul cinema italiano?**

commedia | film drammatico | film dell'orrore | giallo | film di fantascienza
film storico | spaghetti western | film d'inchiesta

**2** **a** **Leggete e abbinate ogni testo a un titolo.**

**a** La crisi **b** Il cinema muto **c** Nuove generazioni

**d** L'epoca d'oro **e** L'epoca del fascismo



**1** ____________________

Roma, 1905: migliaia di persone assistono alla proiezione del film *La presa di Roma*. Nasce allora il cinema italiano. Nei primi tempi si producono soprattutto film storici in costume, i cosiddetti «kolossal», che portano sullo schermo eventi e personaggi antichi: il più famoso è *Cabiria* (1913). Si vedono le immagini ma non si sentono ancora le voci: gli spettatori leggono le didascalie e un pianista in sala suona la musica. L'epoca del film sonoro inizia nel 1930 con *La canzone dell'amore* di Gennaro Righelli e *Resurrectio* di Alessandro Blasetti.

**2** ____________________

«Il cinema è l'arma più forte»: lo afferma Benito Mussolini, che negli anni '30 capisce l'importanza della nuova arte come mezzo di propaganda. L'Istituto LUCE (L'Unione Cinematografica Educativa) ha perciò il compito di documentare le opere del regime. Nel 1937 nasce a Roma Cinecittà, che fa concorrenza agli *studios* americani. Hanno successo i cosiddetti film dei «telefoni bianchi», simbolo di eleganza e di benessere.

3 ______________________

Il periodo che rende il cinema italiano famoso nel mondo è quello del neorealismo: fra il 1945 e la metà degli anni '50 registi come Roberto Rossellini (*Roma città aperta, Paisà, Germania anno zero*), Vittorio De Sica (*Ladri di biciclette, Sciuscià*), Luchino Visconti (*La terra trema, Rocco e i suoi fratelli*) raccontano la realtà del tempo – la guerra, il dopoguerra, la povertà[1] – spesso con pochi soldi e attori non professionisti, sempre con attenzione alla vita e alla lingua quotidiana.

Alla fine degli anni '50 nasce la commedia all'italiana, che ci darà classici come *I soliti ignoti* e *La grande guerra* di Mario Monicelli, *Divorzio all'italiana* di Pietro Germi e *Tutti a casa*, con cui Luigi Comencini, come il Monicelli della *Grande guerra*, media fra neorealismo e commedia. Con *Il sorpasso* (1962) Dino Risi racconta l'Italia del miracolo economico.

Negli anni '60 si afferma anche il cinema d'autore con registi come Michelangelo Antonioni, Pier Paolo Pasolini e Federico Fellini, che non appartengono a nessun genere specifico. Fellini – famoso soprattutto per *La dolce vita* – vince nella sua carriera cinque premi Oscar. Parallelamente, Sergio Leone porta al successo lo spaghetti-western e Francesco Rosi inaugura il filone dei film d'inchiesta e di impegno politico, con opere come *Salvatore Giuliano, Le mani sulla città, Uomini contro.*

[1] povertà = Armut

6

4 ______________________

Negli anni '70 e '80 emergono alcuni autori importanti come Bernardo Bertolucci (*Novecento*), i fratelli Taviani (*Padre padrone, La notte di San Lorenzo*), Lina Wertmüller (che dirige soprattutto commedie), ma per il cinema è un periodo difficile, soprattutto per la concorrenza della TV. Nel 1983, con *Vacanze di Natale* di Carlo Vanzina, nasce il filone delle commedie natalizie chiamate «cinepanettoni».

5 ______________________

Dalla fine degli anni '80 in poi si affermano registi che, con il loro stile individuale, ottengono riconoscimenti anche all'estero: Nanni Moretti vince la Palma d'oro a Cannes per *Caro diario* (1993) e per *La stanza del figlio* (2001); vincono l'Oscar Giuseppe Tornatore per *Nuovo cinema Paradiso* (1990), Gabriele Salvatores per *Mediterraneo* (1992), Roberto Benigni per *La vita è bella* (1999), Paolo Sorrentino per *La grande bellezza* (2014). L'inizio del XXI secolo è caratterizzato anche da film che studiano il passato, come *La meglio gioventù* (2003), con cui Marco Tullio Giordana racconta 40 di storia italiana, *Mio fratello è figlio unico* (2007) di Daniele Luchetti, sugli anni '60–'70, *Romanzo di una strage* (2012), dello stesso Giordana, sull'attentato di Piazza Fontana (Milano, 12.12.1969). E la storia continua...

**b Quali sono i filoni più importanti del cinema italiano? Rileggete il testo e parlatene con un compagno.**

**3 Quali dei film citati vi piacerebbe vedere? Quali epoche del cinema italiano vi piacerebbe conoscere meglio? Parlatene con alcuni compagni e motivate le vostre scelte.**

**4** **Quali dei seguenti attori si trovano anche nel vostro schema del punto 1? Quali vorreste vedere «in azione»? Parlatene con alcuni compagni.**

**Sophia Loren** (1934) – Napoletana, lanciata da Vittorio De Sica con *La Ciociara*, con cui vince l'Oscar nel 1962, è la diva per eccellenza. Oscar alla carriera nel 1991.

**Anna Magnani** (1908-1973) – Romana, è l'attrice simbolo del neorealismo (soprattutto per *Roma città aperta*), ma nel '56 vince l'Oscar per un film hollywoodiano (*La rosa tatuata*).

**Vittorio Gasmann** (1922-2000) – Attore di teatro e di cinema, dà il meglio di sé nella commedia all'italiana, per esempio ne *Il sorpasso*.

**Luigi Lo Cascio** (1967) – Dal suo debutto nel Film *I cento passi*, collabora spesso con Marco Tullio Giordana e diventa uno degli interpreti più importanti del nuovo cinema italiano.

**Alberto Sordi** (1919-2003) – Interpreta come nessun altro l'italiano medio. Memorabili i suoi duetti con Vittorio Gasmann in film quali *La grande guerra*.

**Totò** (1898-1967) – Con il suo stile particolare diventa uno degli attori comici più importanti del cinema italiano.

**Toni Servillo** (1959) – Interprete di molte pellicole di grande successo, come *La ragazza del lago* e *La grande bellezza*.

**Monica Bellucci** (1968) – Simbolo di femminilità mediterranea, è forse l'attrice italiana più nota all'estero dopo Sophia Loren.

**Marcello Mastroianni** (1924-1996) – Memorabili le sue collaborazioni con Sophia Loren in *Ieri oggi e domani, Matrimonio all'italiana, Una giornata particolare* e con Federico Fellini in film come *La dolce vita* e *8 1/2*.

**Sonia Bergamasco** (1966) – Attrice di teatro e musicista, lavora con registi come Bertolucci e Giordana ed è una delle interpreti più sensibili del nuovo cinema italiano. A volte recita con il marito, Fabrizio Gifuni (in *La meglio gioventù* o in *De Gasperi* di Liliana Cavani).



**5** **Se volete, potete usare le informazioni che avete letto per preparare un mini-festival del cinema italiano in classe. Non dimenticate di assegnare il premio per il miglior film e per il migliore attore / la migliore attrice protagonista e non protagonista.**

| | | | |
|---|---|---|---|
| l'attore/attrice | Schauspieler(in) | il (film) giallo | Krimi |
| il debutto | Debüt | il film muto | Stummfilm |
| la didascalia | Untertitel | il film sonoro | Tonfilm |
| il dopoguerra | Nachkriegszeit | il/la regista | Regisseur(in) |
| il film dell'orrore | Horrorfilm | affermarsi | sich durchsetzen |
| il film di fantascienza | Science-Fiction-Film | | |
| il film d'inchiesta | investigativer Film | | |

**1** **a** **Compilate il questionario. Poi confrontatevi con un compagno. Avete qualcosa in comune?**

Una canzone che mi piace tanto: ____________________

Una canzone che non sopporto: ____________________

Una canzone che mi rilassa: ____________________

Una canzone che mi mette allegria: ____________________

Una canzone che mi commuove: ____________________

Una canzone che mi dà energia: ____________________

**b** **Concentratevi ora sulla canzone che vi piace tanto. Perché vi piace? Chiudete gli occhi, «ascoltatela» e riflettete.**

**c** **Ora parlate con un altro compagno della canzone a cui avete pensato e spiegategli perché vi piace. Avete qualcosa in comune?**

**2** **a** **Leggete le seguenti affermazioni. Con quali siete d'accordo e con quali no? Perché? Parlatene in gruppo e fate degli esempi. Infine, se possibile, aggiungete una vostra idea nel fumetto vuoto.**



Con una canzone posso rivivere un momento della mia vita.

Una canzone è cultura.

Una canzone può dare voce a un'idea politica.

Con una canzone si può rivivere un momento della storia.

____________________
____________________
____________________

**b** **Pensate ora alle canzoni italiane che conoscete. Ne abbinereste qualcuna alle affermazioni del punto 2a? Perché? Parlatene con un compagno.**

**3** **a Che cosa sapete della musica leggera italiana? Come immaginate la sua storia? Parlatene con un compagno e provate a completare il questionario.**

La musica leggera

...è nata ☐ nel Settecento. ☐ nell'Ottocento. ☐ nel Novecento.

...è un genere ☐ del tutto nuovo. ☐ derivato dal melodramma e dalla canzone napoletana.

Durante il fascismo si ascoltavano ☐ solo canzoni italiane. ☐ anche musiche straniere.

Dopo la guerra avevano successo
☐ solo i cantanti melodici italiani.
☐ solo nuovi interpreti che si ispiravano al rock.
☐ cantanti melodici e interpreti vicini al rock and roll.

Negli anni Settanta la musica leggera era
☐ solo un mezzo di intrattenimento.
☐ anche un mezzo di lotta politica.

**b Ora leggete e verificate le vostre ipotesi.**

La musica leggera nasce verso la fine dell'Ottocento, ma la sua epoca d'oro arriva con la radio, che in Italia inizia le trasmissioni nel 1924. Le origini? Ciò che accomuna le arie d'opera e la canzone napoletana: melodie orecchiabili, canto a piena voce e testi prevalentemente sentimentali. Nasce così la canzone melodica.

Canzoni straniere? Ritmi americani? No, grazie – dice il regime fascista negli anni Venti e Trenta. Ma il gusto del pubblico e i musicisti italiani affascinati dallo swing sono più forti della censura...

Dopo la guerra, via libera al jazz, alla samba, alla rumba, al twist, alle canzoni di Frank Sinatra, al rock and roll! Ed ecco gli «urlatori», che si ispirano al rock (ma alcuni di loro – come Mina, Gianni Morandi e Adriano Celentano – diventeranno poi dei classici della nostra musica leggera). Intanto il Festival di Sanremo rilancia la tradizione italiana. E allora: melodici o urlatori? Gli appassionati di musica si dividono.

Negli anni Sessanta nascono complessi storici che si ispirano ai Beatles e ai Rolling Stones. Fra quelli di maggior successo ricordiamo l'Equipe 84, i Dik Dik, i Nomadi, i Pooh. In quegli anni si affermano anche i cantautori, che si ispirano a chansonniers francesi come Jacques Brel e George Brassens (per esempio Fabrizio De André), ma anche al beat e al folk (come Francesco Guccini). Beat, folk, rock, canzone d'autore, canzone melodica, canzoni per l'estate: negli anni Sessanta e Settanta convivono vari stili e si hanno collaborazioni importanti come quella di Guccini con i Nomadi e di De André con la PFM (Premiata Forneria Marconi). La musica, intanto, è sempre più «ribelle» e accompagna la stagione dei movimenti (studentesco, pacifista, ecologista).

Quando la ribellione tramonta, anche la musica ritorna al privato e si fa più internazionale. Lo conferma, negli anni Ottanta e Novanta, il successo all'estero di alcuni nuovi autori e interpreti, come i rocker Gianna Nannini e Ligabue, i più melodici Eros Ramazzotti, Laura Pausini e Tiziano Ferro, Jovanotti con il suo pop–rap, Zucchero, il tenore Andrea Bocelli.

Nel nuovo millennio numerosi cantanti di successo escono invece da «talent show», cioè concorsi canori trasmessi in tv, come *Amici*.

**c Quali nomi citati nel testo conoscevate già? Che cosa sapete di questi personaggi? Evidenziateli e poi parlatene in gruppo.**

**4** **a Conoscete i seguenti eventi musicali? Che cosa ne sapete? O che cosa immaginate? Parlatene con un compagno.**

Festival di Sanremo | Festivalbar | Umbria Jazz

**b Ora leggete i testi e inserite in ognuno il nome giusto.**

L'______________ è nato nel 1973 come festival itinerante: una serie di concerti gratuiti in varie città per portare la musica fra la gente, come voleva il clima politico e culturale degli anni Settanta. Oggi è una manifestazione a pagamento che in luglio trasforma il centro storico di Perugia in un grande palcoscenico a cielo aperto. Offre concerti per esperti e spettacoli più popolari per i non intenditori.

«Miei cari amici vicini e lontani, buonasera ovunque voi siate»: questo era il saluto di Nunzio Filogamo, primo conduttore del ______________, dai microfoni della radio che trasmetteva dalla Liguria. Nata nel 1951, in un'Italia povera e ancora segnata dalla guerra, questa gara canora, che dura una settimana, è diventata presto un appuntamento fisso per l'inizio di marzo. Trasferita alla tv, continua ad avere successo, ma nel terzo millennio soffre la concorrenza dei talent show. Quanto resisterà?

Dall'America arriva il jukebox e la musica si ascolta dappertutto. In Italia si pensa allora di copiare la formula: nel 1964 nasce così il ______________, una gara di canzoni che si sposta da una città all'altra durante l'estate e finisce in settembre all'Arena di Verona. Diventa presto importante per il mercato musicale, ma non resiste alla concorrenza del nuovo millennio e si interrompe nel 2007.

**c Quale degli eventi descritti vi piacerebbe seguire dal vero? Perché? Ne conoscete altri? Parlatene con un compagno.**

**5** **Conoscete eventi musicali simili nel vostro Paese o nella vostra città / regione? Vi piacciono? Li seguite? Perché sì o perché no? Parlatene in gruppo. Poi scegliete un evento e preparate un cartellone pubblicitario destinato ai turisti italiani.**

| | | | |
|---|---|---|---|
| il/la cantante | Sänger(in) | l'urlatore/l'urlatrice | Schreihals |
| il cantautore / la cantautrice | Liedermacher(in) | accomunare | gemeinsam haben |
| la canzone per l'estate | Sommerhit | rilanciare | wieder lancieren |
| il complesso | Musikband | tramontare | untergehen |
| il concorso | Wettbewerb | appassionato | Fan |
| il movimento ecologista | Umweltbewegung | canoro | Sing- |
| il movimento pacifista | Friedensbewegung | gratuito | kostenlos |
| la musica leggera | Unterhaltungsmusik | itinerante | Wander- |
| l'origine (f.) | Ursprung | orecchiabile | einprägsam, ins Ohr gehend |
| il palcoscenico | Bühne | | |
| il successo | Erfolg | | |

**1** **Che rapporto avete con la radio? Scegliete le frasi più adatte a voi e completatele. Poi confrontatevi con alcuni compagni.**

Per me la radio è... Amo la radio perché... Non amo la radio perché...

**2** **Quando sono cominciate le trasmissioni radiofoniche nel vostro Paese? Secondo voi, quali funzioni ha avuto la radio nel vostro Paese fra gli anni '20 e gli anni '50 del XX secolo? Parlatene in gruppo e poi raccogliete le idee in plenum.**

informazione | intrattenimento | istruzione | dibattito politico | propaganda politica

anni '20 __________ __________

anni '30 __________ __________

anni '40 __________ __________

anni '50 __________ __________

**3** a **Ora leggete il seguente testo, che parla della radio italiana fra gli anni '20 e '50. Quali somiglianze e quali differenze trovate rispetto al vostro Paese?**

La radio italiana comincia le trasmissioni il 6 ottobre 1924. All'inizio gli ascoltatori sono pochi, perché gli apparecchi radiofonici costano molto, ma ben presto la radio si diffonde e con i suoi appuntamenti rivoluziona i costumi degli italiani. Negli anni Trenta diventa un mezzo di comunicazione di massa: porta nelle case i discorsi di Mussolini e le cronache di regime, ma anche la musica leggera e il jazz, che al regime non piace. Nascono così i primi divi, come Alberto Rabagliati, maestro dello swing. Con le radiocronache di Nicolò Carosio gli italiani «vivono» i successi degli azzurri ai mondiali di calcio e familiarizzano con il gergo sportivo, che presto entra nel linguaggio comune. Durante la guerra, si ascoltano anche Radio Londra e Radio Mosca, naturalmente vietate, mentre da Radio Belgrado arriva *Lili Marleen*, la canzone di tutti i soldati, di cui Lina Termini canta la versione italiana. Trasmissioni di prosa e le grandi orchestre dei maestri Angelini e Barzizza alleggeriscono un po' il clima bellico. L'8 settembre 1943 dai microfoni dell'EIAR arriva la voce del maresciallo Badoglio che annuncia l'armistizio. Nel 1949 nasce la Rai (Radio Audizioni Italia), che rinnova strutture e programmi, conquista nuove fasce orarie e rende popolari futuri divi della TV e del cinema, come Alberto Sordi. Il cavallo di battaglia resta la musica (anche il Festival di Sanremo nasce alla radio), ma diventa sempre più importante l'informazione, con cui si partecipa alla vita del Paese: tutti ricordano, per esempio, i servizi del GR dal Polesine (Veneto) colpito dall'alluvione nel 1951.

«Qui Ameri a te Ciotti»: nel 1959 nasce *Tutto il calcio minuto per minuto*, che con i collegamenti dagli stadi e le voci di cronisti leggendari come Enrico Ameri e Sandro Ciotti diventa un appuntamento fisso della domenica per tutti gli appassionati di calcio.

**b Rileggete il testo e sottolineate con colori diversi le frasi in cui trovate le risposte alle seguenti domande. Poi discutete con un compagno.**

In quali situazioni la radio è...

...una finestra sull'Italia? ...un collegamento con il mondo? ...un mezzo per unificare il Paese?

**4 Leggete il ritornello di una canzone del 1976. Secondo voi, che cosa significa? E che cosa può essere una radio «libera»?**

*Amo la radio perché arriva dalla gente*
*entra nelle case, ci parla direttamente*
*e se una radio è libera, ma libera veramente*
*mi piace anche di più perché libera la mente.*

**5 Continuate a legggere la breve storia della radio italiana e verificate le vostre ipotesi sulle radio libere.**

8

### Anni Sessanta

Con il transistor la radio diventa portatile e cambiano di nuovo le abitudini d'uso. La Rai lancia i primi programmi per i giovani come *Bandiera gialla* e trasmissioni di grande successo come *Gran Varietà* e *La Corrida*.

### Anni Settanta

Finisce il monopolio di Stato per le trasmissioni radiofoniche e televisive: nascono così tante radio private, prima locali e poi nazionali. La Rai è in crisi, ma lancia trasmissioni che fanno epoca come *Alto gradimento* e *Hit Parade*. Inizia l'era delle telefonate in diretta durante le trasmissioni. Nascono anche le radio «libere», emittenti non commerciali – come Radio Alice a Bologna, Radio Popolare a Milano, Radio Città Futura a Roma – che fanno «controinformazione» e diventano la voce del movimento studentesco: per i giovani la radio è soprattutto uno strumento di partecipazione, di dibattito politico, di confronto con la gioventù di altri Paesi.

### Anni Duemila

Gli anni Duemila sono segnati dall'apertura a internet e da una multimedialità sempre maggiore. La radio, che un tempo era un mezzo di ascolto collettivo, diventa un mezzo sempre più individuale e altamente tecnologico. Si evolve, si adatta, ma non tramonta.

### Anni Ottanta e Novanta

I decenni successivi sono caratterizzati dall'innovazione tecnologica e dalla «specializzazione». La Rai trasmette ora con tre canali: Rai 1 (in cui prevale l'informazione), Rai 2 (che fa soprattutto intrattenimento) e Rai 3 (che offre programmi culturali, musica classica, teatro radiofonico). Ci sono inoltre i canali stereofonici e Isoradio, il canale per automobilisti con notizie sul traffico, musica e informazione.

**6** **Avevate indovinato? Quali somiglianze trovate con il vostro Paese e/o con la vostra esperienza personale?**

| | |
|---|---|
| l'alluvione (f.) | Überschwemmung |
| l'apparecchio | Gerät |
| l'armistizio | Waffenstillstand (zwischen Italien und den Alliierten) |
| la canzone | Lied, Song |
| il cavallo di battaglia | Stärke |
| la controinformazione | alternative Berichterstattung |
| l'emittente (f.) | Sender |
| il gergo | Jargon, Slang |
| la guerra | Krieg |
| l'intrattenimento | Unterhaltung |
| i mondiali | (Fußball)weltmeisterschaft |
| la radio libera | freier Rundfunksender |
| la radio privata | privater Rundfunksender |
| la radiocronaca | Rundfunkreportage, Rundfunkübertragung |
| il servizio | Reportage |
| la trasmissione | Sendung |
| alleggerire | erleichtern |
| diffondersi | sich verbreiten |
| familiarizzare | vertraut werden |
| lanciare | (hier) starten, lancieren |
| tramontare | untergehen |
| trasmettere | senden |
| bellico | Kriegs- |
| portatile | tragbar |
| radiofonico | Rundfunk- |

**1** **Leggete i testi e abbinateli alla traduzione in italiano moderno.**

........................................................................

**a** Quel ramo del lago di Como, che volge a mezzogiorno,
tra due catene non interrotte di monti...

........................................................................

**b** Nel mezzo del cammin di nostra vita mi ritrovai
per una selva oscura, ché la diritta via era smarrita.

........................................................................

**c** Che fai tu, luna, in ciel? dimmi, che fai,
silenziosa luna?

........................................................................

**d** Altissimu, onnipotente, bon Signore, tue so' le laude,
la gloria e l'honore et onne benedictione.

........................................................................

**e** Chiare, fresche, e dolci acque,
ove le belle membra pose colei
che sola a me par donna...

........................................................................

**1** Altissimo, onnipotente, buon Signore, tue sono le lodi, la gloria, l'onore e ogni benedizione.

........................................................................

**2** A metà del percorso della mia vita mi ritrovai in un bosco buio perché avevo perso la strada giusta.

........................................................................

**3** Limpide, fresche e dolci acque (del fiume) dove bagnò il suo bel corpo quella che per me è l'unica donna...

........................................................................

**4** Che fai tu, luna, in cielo? dimmi, che fai, silenziosa luna?

........................................................................

**5** Quel ramo del lago di Como che è rivolto verso sud tra due catene non interrotte di monti...

**2** **Leggete i profili dei seguenti autori. Da quali classici sono tratti i testi del punto 1?**

***Francesco d'Assisi*** (ca. 1182 – 1226), figlio di un ricco mercante, riceve un'educazione letteraria e da giovane vive con serenità e allegria. La ricerca di Dio lo porta però a elaborare un'idea nuova dell'uomo e della vita, fondata sull'amore e ispirata alla vita di Cristo. Lascia così la famiglia per vivere in povertà e fonda l'ordine dei Frati Minori. Scrive opere in latino e in volgare (cioè nella lingua italiana dei suoi tempi): il *Cantico delle creature* o *Cantico di frate Sole*, che esprime la gioia per ogni forma di vita, è uno dei primi e più importanti documenti della letteratura italiana.

***Dante Alighieri*** (Firenze, 1265 – Ravenna 1321) è considerato, insieme a Petrarca e a Boccaccio, il «padre» della lingua italiana ed è perciò definito «il sommo poeta» (o semplicemente «il Sommo»). Studia a Firenze e a Bologna e si innamora di Beatrice, che poi ispira tutta la sua opera. Il suo capolavoro è la *Divina Commedia*, divisa in tre parti chiamate «cantiche» (*Inferno*, *Purgatorio* e *Paradiso*), viaggio nel mondo dei morti che Dante immagina di compiere a metà della sua vita, cioè a circa 35 anni. Si dedica anche alla politica e per lotte interne nella città di Firenze deve andare in esilio, perciò muore a Ravenna, dove è sepolto nella chiesa di San Francesco.



***Francesco Petrarca*** (Arezzo, 1304 – Arquà, 1374), figlio di un notaio, si trasferisce con la famiglia ad Avignone, dove studia grammatica e retorica. Il padre lo manda a studiare diritto a Montpellier e a Bologna, ma dopo la sua morte Francesco si dedica alla letteratura. Nel 1353 torna in Italia. Vive a Milano, a Venezia, a Pavia, a Padova e dal 1370 soprattutto ad Arquà, sui Colli Euganei. Le sue opere in versi e in prosa sono scritte in latino e in italiano: la più importante è il *Canzoniere*, che raccoglie le poesie scritte in diversi momenti e dedicate alla donna amata, Laura.

***Giovanni Boccaccio*** (Certaldo o Firenze, 1313 – Certaldo, 1375), figlio di un mercante, va a Napoli, giovanissimo, per fare pratica nel commercio e poi per studiare diritto canonico. Studia letteratura da autodidatta e conduce una vita raffinata con molti amori. Ritorna poi a Firenze, dove si trova quando, nel 1348, si diffonde la peste nera. La sua opera principale è il *Decameron*: cento novelle raccontate in dieci giorni da dieci giovani (sette ragazze e tre ragazzi) che si rifugiano nella chiesa di Santa Maria Novella mentre a Firenze dominano la peste e il caos sociale.

***Alessandro Manzoni*** (Milano, 1785 – 1873) realizza, con il romanzo storico *I promessi sposi*, un modello fondamentale per la letteratura e per la lingua nazionale italiana. Il romanzo è ambientato nella campagna lombarda, tra l'Adda e il lago di Como, e poi a Milano, nel Seicento, sullo sfondo di fatti storici (guerra dei Trent'anni, fame, peste). I protagonisti sono due ragazzi del popolo, Renzo e Lucia, che si vogliono sposare ma hanno difficoltà perché un uomo potente è contrario. Manzoni lavora per molti anni al romanzo, anche per curare la lingua, ispirata a quella della classe colta di Firenze. Scrive anche tragedie e opere in versi.

***Giacomo Leopardi*** (Recanati, 1798 – Napoli, 1837), nato da una famiglia nobile, ha una salute precaria e una giovinezza infelice. Fin da ragazzo, studia molto e si dedica alla poesia. Sviluppa un'idea sempre più pessimistica della natura e della vita che elabora in versi eccelsi. Le sue opere principali sono gli *Idilli* (poesie), le *Operette morali* (testi filosofici) e lo *Zibaldone* (raccolta di pensieri).

***Giovanni Verga*** (Catania, 1840 – 1922) scrive opere che, per lo stile e il linguaggio, rinnovano profondamente la narrativa italiana: per rappresentare bene la società dei suoi tempi, usa infatti una lingua arricchita da espressioni dialettali. Verga si ispira alla realtà ed è l'autore più importante del verismo. La sua opera principale sono *I Malavoglia* (1881), che rappresentano la vita dei pescatori siciliani negli anni successivi all'Unità d'Italia e ispirano, più tardi, un film di Visconti (*La terra trema*). La novella *Cavalleria Rusticana* ispira invece un'opera di Pietro Mascagni.

**3** **Rileggete i testi e compilate lo schema. Poi discutete con un compagno: quali autori vi sembrano particolarmente importanti per lo sviluppo della lingua nazionale italiana?**

| | Francesco d'Assisi | Dante | Petrarca | Boccaccio | Manzoni | Leopardi | Verga |
|---|---|---|---|---|---|---|---|
| Quando? | | | | | | | |
| Dove? | | | | | | | |
| Opere? | | | | | | | |

**4** **Le seguenti frasi sono tratte da opere letterarie: secondo voi come continuano? Lavorate in gruppo: ognuno completa le quattro frasi usando la fantasia; poi, per ogni frase, si leggono tutte le varianti e ognuno vota quella che gli piace di più. Ogni voto vale un punto, vince chi totalizza più punti. Alla fine, potete leggere le versioni originali, che trovate nelle soluzioni.**

Questo matrimonio...
(A. Manzoni, *I promessi sposi*)

Il freddo ha mille...
(Italo Calvino, *Marcovaldo*)

C'era una volta...
– Un re! – diranno subito i miei piccoli lettori.
No, ragazzi, avete sbagliato. ...
(Carlo Collodi, *Pinocchio*)

Ho conosciuto un bambino che era...
(Gianni Rodari, *Favole al telefono*)

| | |
|---|---|
| la cantica | jeder der drei Hauptteile der *Divina Commedia* |
| il chierico | Kleriker |
| il diritto canonico | Kirchenrecht |
| il frate | Ordensbruder |
| la gioia | Freude |
| la guerra dei Trent'anni | Dreißigjähriger Krieg |
| l'incarico pubblico | Amt |
| il mercante | Händler |
| il mondo dei morti | Totenreich |
| la novella | Novelle |
| l'opera | Werk |
| il personaggio (principale) | (Haupt)Figur |
| il personaggio storico | historische Persönlichkeit |
| la poesia | Gedicht |
| il romanzo (storico) | (historischer) Roman |
| il verismo | Verismus, Realismus |
| il verso | Vers |
| il volgare / l'italiano volgare | Vulgärsprache |
| essere ambientato | spielen in ... |
| essere considerato | gelten als |
| rifugiarsi | sich flüchten |
| trasferirsi | umziehen |
| colto | gebildet |
| potente | mächtig |
| principale | wichtigste(r), Haupt- |
| sepolto | beerdigt, begraben |
| sommo | größter |

# COSÌ TI VEDO IO



**1** **a** **Guardate la vignetta, apparsa sulla prima pagina di un importante settimanale tedesco. Secondo voi, quale tema introduce? Parlatene in coppia.**

**b** **Guardate di nuovo la vignetta: riconoscete l'italiano? Quali caratteristiche gli vengono attribuite? Secondo voi, perché? Raccogliete le idee in gruppo.**

**2** **a** **Abbinate le seguenti espressioni ai verbi adatti, come negli esempi, e ricostruite così alcune caratteristiche positive e negative che gli italiani spesso si attribuiscono.**

~~arrangiarsi~~ | fantasia | furbi | ~~generosi~~ | godersi la vita | individualisti
solidali | poca fiducia nello Stato | le cose con filosofia

avere ____________________

essere generosi

prendere ____________________

saper arrangiarsi

**b** **Ora abbinate le seguenti espressioni ai loro significati.**

1 essere furbo
2 fare il furbo
3 farsi furbo

a raggiungere un obiettivo con abilità, anche in modo disonesto
b imparare a curare i propri interessi con abilità
c saper trovare sempre un modo per ottenere dei vantaggi

**c** **Confrontate le vostre soluzioni con un compagno e poi discutete: quali caratteristiche dei punti 1, 2a e 2b vengono attribuite agli italiani anche nel vostro Paese? Quali altre caratteristiche gli vengono attribuite? Se volete potete usare i seguenti vocaboli.**

arrogante | modesto | elegante | laborioso | pigro | gentile | allegro | ospitale | avaro
spendaccione | pronto ad aiutare | ordinato | disordinato | puntuale | tollerante
intollerante | aperto | riservato | progressista | conservatore | serio | affidabile
inaffidabile | preciso | caotico | creativo | onesto | disonesto | chiacchierone

**d** **Considerate le idee raccolte ai punti 1, 2a, b, c: gli italiani sono veramente così? O in alcuni casi si tratta di stereotipi? Discutetene in gruppo.**

**3** **a** **Quale immagine dell'Italia e degli italiani avevate prima di cominciare a studiare la loro lingua? E com'è cambiata tale immagine nel corso del tempo? Che cosa vi ha fatto cambiare idea? Parlatene in gruppo e verificate se avete qualcosa in comune.**

*Prima l'Italia per me era... / gli italiani per me erano...*
*Ora l'Italia per me è ... / gli italiani per me sono...*
*Ho cambiato idea / Non ho cambiato idea perché...*

**b** **Ogni gruppo riferisce alla classe le idee principali emerse nella discussione.**

**4** **a** **Pensate ora al vostro Paese. Secondo voi, come lo vedono gli italiani? Raccogliete le idee con tutta la classe.**

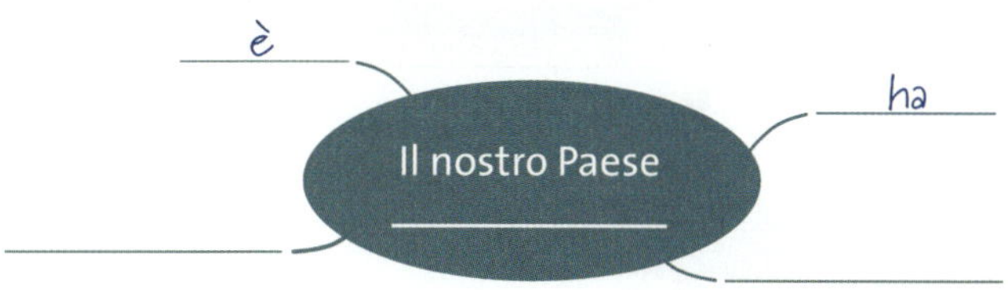


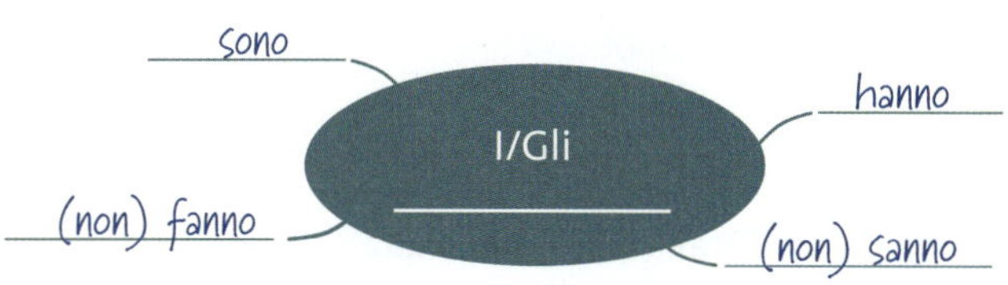

**b** **Lavorate in gruppo. Siete un team di «creativi» e dovete ideare una campagna pubblicitaria per il vostro Paese destinata ai turisti italiani. L'obiettivo principale è combattere gli stereotipi. Pensate ai contenuti, ai canali di diffusione (stampa? TV? Radio? Internet? ...), agli slogan più efficaci e date un titolo alla campagna.**

**c** **Ogni gruppo presenta la sua campagna pubblicitaria alla classe. Quale vi sembra più convincente? Quale combatte meglio gli stereotipi? Perché?**

| | | | |
|---|---|---|---|
| la generosità | Großzügigkeit | furbo | schlau, listig |
| arrangiarsi | sich zu helfen wissen | laborioso | fleißig |
| prendere le cose con filosofia | etwas mit Fassung tragen | modesto | bescheiden |
| (in)affidabile | (un)zuverlässig | onesto | ehrlich |
| avaro | geizig | ospitale | gastfreundlich |
| chiacchierone | geschwätzig, redselig | pigro | faul |
| conservatore | konservativ | progressista | fortschrittlich |
| disonesto | unehrlich | riservato | zurückhaltend |
| | | spendaccione | verschwenderisch |

**1** a **Guardate questi monumenti. Secondo voi, che cosa rappresentano? A quali periodi storici li collegate? Parlatene in gruppo e raccogliete le idee.**

11

b **In coppia, pensate a quello che sapete sulla storia d'Italia e scegliete una soluzione. Poi confrontatevi con un'altra coppia motivando le vostre scelte.**

Secondo voi, per gli italiani...

**a** il Risorgimento è
- ☐ un'epoca di sviluppo economico.
- ☐ un'epoca di sviluppo culturale.
- ☐ un'epoca di lotta per l'indipendenza e l'unità d'Italia.

**b** la Grande Guerra è
- ☐ una guerra per l'indipendenza del Paese.
- ☐ la prima guerra mondiale.
- ☐ la seconda guerra mondiale.

**c** il Ventennio è
- ☐ l'epoca del fascismo.
- ☐ l'epoca dello sviluppo economico.
- ☐ l'epoca di Berlusconi.

**d** la Resistenza è
- ☐ la lotta per l'unità d'Italia.
- ☐ una fase della prima guerra mondiale.
- ☐ una fase della seconda guerra mondiale.

**2** **Leggete i testi e verificate le soluzioni del punto 1.**

**Anni '40**
Nel 1940 l'Italia entra in guerra a fianco della Germania, ma la guerra va male. Nel 1943 gli alleati sbarcano in Sicilia, il re fa arrestare Mussolini e il nuovo capo del governo, il maresciallo Badoglio, firma l'armistizio. I tedeschi occupano il Paese e liberano Mussolini, che fonda nel Nord Italia la Repubblica Sociale Italiana (detta Repubblica di Salò). Scoppia così la guerra civile tra le forze fedeli a Mussolini (unite ai tedeschi) e i partigiani, che stanno dalla parte degli angloamericani: questo periodo viene chiamato Resistenza. Nell'aprile 1945 gli alleati completano la liberazione del Paese e Mussolini finisce nelle mani dei partigiani, che lo uccidono.

**XIX secolo**
L'Italia, prima divisa in tanti Stati (in parte sotto dominio straniero), raggiunge l'unità nel 1861, dopo un periodo di lotte chiamato Risorgimento. Nasce così, sotto il re Vittorio Emanuele II, il Regno d'Italia, che però non ha i confini attuali: il Veneto e il Friuli si aggiungono nel 1866 con la terza guerra d'indipendenza, Roma nel 1870 (l'anno dopo diventa capitale), il Trentino e la Venezia Giulia (Gorizia e Trieste) con la prima guerra mondiale.

**XX secolo – Anni '10**
La Grande Guerra (1915-18) è la prima esperienza comune degli italiani, ma causa molti danni nel Nord-Est, dove c'è il fronte, e soprattutto distrugge un'intera generazione di giovani: molti di loro sono sepolti al Sacrario di Redipuglia. La Venezia Giulia (Gorizia e Trieste), il Trentino e l'Alto Adige diventano italiani.

**Anni '30**
Politica estera: l'Italia conduce guerre in Africa e nel 1936 proclama l'Impero; inoltre si allea con la Germania nazista. Politica interna: la dittatura diventa sempre più severa e nel 1938 vengono emanate le leggi razziali contro gli ebrei.

**Anni '20**
Nel 1922 Benito Mussolini diventa capo del governo e inizia così il ventennio fascista. Soprattutto a partire dal 1925 il fascismo diventa una dittatura: non c'è più posto per chi ha un'opinione diversa, non ci sono più elezioni libere.

# 11

**3** **a** **Riguardate la cartina del punto 2 e colorate con colori diversi i territori che si sono uniti al Regno d'Italia dopo il 1861.**

**b** **Conoscete altri fatti che riguardano la storia d'Italia fino alla seconda guerra mondiale? Trovate delle somiglianze con la storia del vostro Paese? Parlatene in classe.**

| | |
|---|---|
| l'armistizio | Waffenstillstand |
| la dittatura | Diktatur |
| il dominio | Herrschaft |
| la Grande Guerra | der Große Krieg |
| la guerra civile | Bürgerkrieg |
| la guerra d'indipendenza | Unabhängigkeitskrieg |
| la guerra mondiale | Weltkrieg |
| l'impero | Kaiserreich |
| le leggi razziali | Rassengesetze |
| il re | König |
| il Regno | Königreich |
| il sacrario | (hier) Gefallenen-gedenkstätte |
| l'unità | Einheit |
| arrestare | verhaften |
| causare | verursachen |
| distruggere | vernichten |
| emanare | erlassen |
| proclamare | ausrufen |
| sbarcare | landen |
| uccidere | töten |
| sepolto | begraben |

**1** a **Leggete i seguenti titoli di giornale. Secondo voi, a quali avvenimenti si riferiscono? Che cosa ne sapete? Parlatene in gruppo e raccogliete le idee.**

Festa per il capodanno dell'euro

È nata la Repubblica italiana

*Umberto partirà sabato, dopo la consegna dei poteri a De Gasperi, Capo provvisorio del nuovo Stato*

Berlusconi: così farò il miracolo

*in 45 punti la «ricetta» del Cavaliere*

L'Italia è un Paese moderno vince il NO, il divorzio resta



b **Ora leggete i testi e abbinate le notizie del punto 1a ai paragrafi adatti.**

**Anni '50 e '60**

Alla guerra seguono anni difficili perché bisogna ricostruire il Paese. Il 2 giugno 1946, con un referendum popolare, finisce il Regno d'Italia e nasce la Repubblica, nel 1948 arriva la nuova Costituzione. L'Italia passa da un'economia agricola a un'economia industriale. Le grandi fabbriche sono nel Nord e molte persone migrano perciò dal Sud al Nord, dalle campagne alle città. Con il boom economico arriva il benessere: gli anni d'oro sono quelli dal 1958 al 1963. Anche la società cambia molto e nascono contrasti tra le generazioni e tra le classi sociali: nel 1968 anche in Italia scoppia il movimento studentesco. In politica estera, nel 1957 l'Italia è tra i Paesi fondatori della CEE.

## Anni '70

Per tutto il decennio continuano i movimenti per i diritti (delle donne, dei lavoratori, dei malati ecc.). Ci sono due referendum importanti (nel 1974 sul divorzio e nel 1978 sull'aborto) e nel 1977 torna la contestazione studentesca. Si attivano, inoltre, gruppi terroristici di destra e di sinistra: gli «anni di piombo» cominciano il 12 dicembre 1969 con un attentato a Milano (Piazza Fontana) e durano fino alla metà degli anni '80 (uno degli attentati più gravi ha luogo alla stazione di Bologna il 2 agosto 1980). Il fatto più noto avviene nel 1978: le Brigate Rosse rapiscono e uccidono Aldo Moro, leader della Democrazia Cristiana, principale partito di governo. Di molti attentati non si conoscono ancora i veri colpevoli.

## Anni '80

Gli italiani sono stanchi di lotte politiche e si ritirano nel privato: l'economia sembra andare meglio e la gente vuole godersi la vita. Simbolo di quest'epoca è Bettino Craxi, leader del Partito Socialista e Presidente del Consiglio per molti anni.

## Anni '90

Lo sviluppo degli anni '80 era un'illusione: nel 1992 l'Italia attraversa una crisi economica gravissima. Quell'anno, inoltre, la mafia uccide i giudici Giovanni Falcone e Paolo Borsellino. Scoppia anche lo scandalo di Tangentopoli: si scopre una corruzione sistematica che da molti anni lega il mondo politico a quello degli affari. Crolla così il sistema dei partiti e finisce la Prima Repubblica. Si affermano inoltre forze politiche nuove come la Lega Nord. Ed entra in politica l'uomo più ricco d'Italia, Silvio Berlusconi, che arriva al governo con una coalizione di centrodestra. Nasce così la Seconda Repubblica.

## Terzo millennio

Il nuovo secolo si apre all'insegna del «berlusconismo», anche se al governo si alternano coalizioni di centrodestra e di centrosinistra. L'Italia, ormai diventata un Paese di immigrazione, inizia il millennio con molte difficoltà. I problemi più gravi sono legati al lavoro: il precariato e la disoccupazione, soprattutto giovanile. Dal 2002 gli italiani non pagano più in lire, ma in euro.

**2** **Rileggete il testo e segnate sulla linea del tempo i seguenti momenti.**

nascita della Repubblica | miracolo economico | movimenti studenteschi
anni di piombo | fine della Prima Repubblica

1945 ———————————————————————— 2000

**3** **Quali sono i simboli della Repubblica italiana? Abbinate i nomi alle definizioni, come nell'esempio.**

_1_ Il Tricolore | _2_ L'Emblema | _3_ L'Inno Nazionale
_4_ Lo stendardo | _5_ Il Vittoriano

_2_ Dal 1948 si trova su tutti i documenti ufficiali della Repubblica italiana.

___ È dedicato al primo re d'Italia, Vittorio Emanuele II, e al Risorgimento. Qui c'è anche l'Altare della Patria, con la tomba del Milite ignoto.

___ La bandiera nazionale di colore verde, bianco e rosso nasce nel 1797.

___ Scritto nell'autunno del 1847 dal giovane patriota genovese Goffredo Mameli e musicato poco dopo a Torino da un altro genovese, Michele Novaro, diventa inno nazionale nel 1946.

___ È il segno distintivo del Capo dello Stato.

**4** **Rileggete i testi di questa unità e di quella precedente, poi preparate, in coppia, sei domande sulla storia d'Italia (attenzione: dovete conoscere la risposta!). Infine unitevi a un'altra coppia. A turno, una coppia legge una domanda e l'altra risponde. Ogni risposta corretta vale 1 punto. Vince la coppia che totalizza più punti.**

| | |
|---|---|
| gli anni di piombo | «die bleiernen Jahre / die bleierne Zeit» |
| il benessere | Wohlstand |
| le Brigate Rosse | Rote Brigaden |
| la CEE (Comunità Economica Europea) | EWG (Europäische Wirtschaftsgemeinschaft) |
| la coalizione di centrodestra / centrosinistra | Mitte-rechts-/ Mitte-links-Koalition |
| il/la colpevole | Schuldige(r) |
| la contestazione | Protest |
| la Costituzione | Grundgesetz |
| la disoccupazione | Arbeitslosigkeit |
| l'emblema (m.) | Emblem, Symbol |
| l'immigrazione (f.) | Einwanderung |
| il Milite ignoto | der Unbekannte Soldat |
| il miracolo economico | Wirtschaftswunder |
| il movimento studentesco | Studentenbewegung |
| il precariato | Prekariat |
| il referendum popolare | Volksentscheid |
| lo stendardo | Banner |
| rapire | entführen |
| ritirarsi | sich zurückziehen |
| scoprire | herausfinden |
| agricolo | landwirtschaftlich |
| all'insegna di | im Zeichen |

i12

# PAESE MIO TI LASCIO, IO VADO VIA

**1** **Guardate la foto. Secondo voi, chi sono le persone? Dove sono? Che cosa stanno facendo? Parlatene con un compagno.**

**2** a **Abbinate le seguenti espressioni ai loro significati, in riferimento all'Italia.**

| | |
|---|---|
| 1 emigrazione | a trasferimento di popolazione da una parte all'altra dell'Italia |
| 2 migrazione interna | b trasferimento di cittadini stranieri in Italia |
| 3 immigrazione | c trasferimento di cittadini italiani in Paesi stranieri |

b **Leggete i testi. Di quale tipo di migrazioni si parla e in quali paragrafi?**

13

1 «Che sarà, che sarà, che sarà... che sarà della mia vita chi lo sa?» cantavano nel 1971 José Feliciano e i Ricchi e Poveri in una canzone che è diventata l'inno dei migranti di ieri e di oggi. E quella domanda doveva accompagnare, già un secolo prima, i milioni di italiani che partivano per cercare fortuna all'estero.

2 La prima ondata migratoria inizia dopo l'Unità e diventa un fenomeno di massa intorno al 1870. Il Regno d'Italia è infatti un paese prevalentemente agricolo, la popolazione aumenta e molte persone non trovano lavoro. Così, molti partono e le destinazioni preferite sono innanzi tutto gli Stati Uniti, l'Argentina e il Brasile e poi anche la Francia, l'Austria, la Germania e la Svizzera. Fino al 1900 emigrano soprattutto abitanti delle regioni settentrionali (come il Veneto, il Friuli e il Piemonte), dove la popolazione è più numerosa; poi il primato passa alle regioni meridionali, in particolare la Calabria, la Campania e la Sicilia. Di solito partono gli uomini, che poi mandano un po' di soldi alle famiglie rimaste in Italia. Alla fine del XIX secolo emigrano circa 300.000 persone all'anno e all'inizio del XX secolo le partenze aumentano ancora fino al picco del 1913, con oltre 800.000 partenze.

3 L'integrazione nella società è lenta e difficile perché le popolazioni locali non gradiscono i nuovi arrivati, che generalmente sono poveri, poco istruiti e spesso vengono considerati dei criminali o soggetti politicamente pericolosi. Un problema è anche lo sviluppo della mafia italo-americana. Così per molto tempo gli immigrati si chiudono nelle loro comunità, come Little Italy a New York, la città simbolo dell'emigrazione.

4 Poi arriva la Grande Guerra e dal 1915 le partenze cessano. Non pochi emigranti tornano in Italia per fare i soldati, mentre altri, diventati americani, o i loro figli nati in America, combattono nelle file dell'esercito statunitense.

5 Negli anni Venti le partenze riprendono, ma in quel periodo il governo degli Stati Uniti limita l'immigrazione, perciò gli italiani scelgono come meta i Paesi europei. Inoltre, il fascismo ostacola l'emigrazione. Nasce allora un nuovo tipo di emigrante, il dissidente politico: gli antifascisti cercano rifugio soprattutto in Francia e negli Stati Uniti. L'America accoglie anche molti ebrei che lasciano l'Italia dopo le leggi razziali del 1938.

6 Dopo la seconda guerra mondiale riprende l'emigrazione transoceanica (Stati Uniti, Argentina, Canada, Australia, Venezuela, Brasile), ma le mete principali sono ormai i Paesi dell'Europa del Nord (Germania, Francia, Belgio, Svizzera, Gran Bretagna). Il 1955 è un anno importante: la Repubblica Federale Tedesca e l'Italia firmano infatti un accordo bilaterale per il reclutamento e l'assunzione di lavoratori italiani nella Germania Ovest.

7 La nuova ondata migratoria dura fino agli inizi degli anni Settanta: nel corso di questo decennio i rientri cominciano a superare le partenze e inoltre l'Italia si trova di fronte al fenomeno contrario, quello dell'immigrazione.

8 Si emigra solo verso l'estero? No. Si emigra anche nel territorio italiano, soprattutto dopo la seconda guerra mondiale. Con il boom economico degli anni Cinquanta e Sessanta, molte persone lasciano la campagna e la montagna per trasferirsi in città. Inoltre, le grandi città industriali del Nord – soprattutto il triangolo Torino, Milano, Genova – attirano lavoratori provenienti dal Sud e dalle zone povere del Nord-Est, come il Friuli e il Veneto.



9 E oggi? All'inizio del terzo millennio vivono all'estero circa quattro milioni di persone con passaporto italiano e le partenze aumentano di nuovo. Secondo i dati Istat 2012, le principali destinazioni sono ora la Germania, la Svizzera, il Regno Unito e la Francia. Ma molto più numerose sono le persone di altra nazionalità che hanno origini italiane: la comunità più grande è in Argentina (circa 15 milioni), seguita da quella degli Stati Uniti (con circa 12 milioni). Oggi gli italoamericani sono perfettamente inseriti nella società e tra i figli e nipoti degli emigranti si trovano molti personaggi famosi nel mondo della politica, del cinema, della musica: non a caso, quando atterriamo al secondo aeroporto di New York, l'America ci accoglie con un nome italiano, quello di Fiorello La Guardia, di padre foggiano e madre triestina, sindaco della Grande Mela dal 1933 al 1945.

c **Lavorate con un compagno. Verificate le vostre ipotesi del punto 1 e confrontate le vostre risposte alla domanda del punto 2b.**

**3** **Rileggete i testi, rispondete alle domande e poi parlatene con un compagno.**

1 In quali periodi l'emigrazione è stata più forte?
2 Chi emigrava? Perché?
3 Da quali regioni provenivano principalmente gli emigranti?
4 In quali Paesi emigravano?
5 Com'è stato l'inserimento nei nuovi Paesi?
6 Secondo voi, che cosa ha favorito l'integrazione degli italiani nei Paesi ospitanti?

**4** **Lascereste il vostro Paese? Per quali motivi sareste disposti a farlo? Dove andreste? Parlatene in gruppo e scoprite se avete qualcosa in comune.**

**5** a **Pensate al mondo della politica, del cinema, dello sport, della musica, della scienza, dell'economia, della letteratura. Quali italoamericani o emigrati italiani famosi vi vengono in mente? Che cosa sapete di loro? Parlatene in gruppo.**

politica
Fiorello La Guardia,

sport

letteratura
Mario Puzo,

musica

scienza
Antonio Meucci,

economia

cinema
Rodolfo Valentino,

13

b **Ognuno sceglie un personaggio di quelli elencati al punto 5a e cerca, per esempio in internet, delle informazioni sulla sua storia e sulle sue origini italiane. Poi presentate in classe i risultati della vostra ricerca.**

| | |
|---|---|
| l'accordo bilaterale per il reclutamento e l'assunzione | zweiseitiges Anwerbeabkommen |
| la destinazione | Ziel |
| l'emigrazione (f.) | Auswanderung |
| la fila | Reihe |
| l'immigrazione (f.) | Einwanderung |
| la migrazione interna | Binnenwanderung |
| l'ondata migratoria | Migrationswelle |
| il primato | Spitzenstellung |
| il rientro | Rückkehr |
| il trasferimento | Umzug |
| attirare | anziehen |
| aumentare | steigen |
| cercare rifugio | Zuflucht suchen |
| cessare | aufhören |
| combattere | kämpfen |
| diminuire | nachlassen |
| emigrare | auswandern |
| gradire | etwas gern sehen, mögen |
| immigrare | einwandern |
| ostacolare | behindern |
| superare | übertreffen |
| trasferirsi | umziehen |
| pericoloso | gefährlich |
| transoceanico | Übersee- |
| prevalentemente | vorwiegend |

**1** a **Queste persone hanno lasciato il loro Paese per vivere in Italia. Secondo voi, per quali motivi? Quali difficoltà possono avere o aver avuto in Italia? Che cosa le aiuta a integrarsi? Parlatene in gruppo.**

Amadou – Senegal

Assad – Marocco

Nely – Filippine

Alexandra – Romania

b **Dividetevi in gruppi di quattro. Ognuno di voi sceglie una persona e legge la sua testimonianza. Poi riunitevi in gruppo e riferite: come risponderebbe la «vostra» persona alle domande del punto 1a?**

**Nely** – Io vengo dalle Filippine. Ero insegnante, ma guadagnavo troppo poco per far studiare i miei figli. Così 10 anni fa sono venuta in Italia e adesso faccio la badante: mi occupo di una signora anziana. All'inizio non è stato facile, ma ora mi trovo bene: la famiglia della signora Lucia è un po' la mia nuova famiglia. Adesso vorrei fare la patente. E sto imparando un po' di dialetto: è bello, ti fa sentire a casa. Tornare nelle Filippine? Sì, forse un giorno per avvicinarmi ai figli, ma non sono sicura...



**Assad** – Mia moglie ed io siamo arrivati nel 2005 dal Marocco. Siamo stati accolti con calore, ma all'inizio è stata dura. Per esempio, quando visitavamo una casa da affittare, la casa improvvisamente non era più libera... Io per fortuna ho trovato presto lavoro e mia moglie ha fatto corsi di formazione e si è impegnata nelle iniziative del quartiere. Così ci siamo inseriti. Anche troppo, forse: i nostri figli, nati uno in Marocco e uno qua, hanno difficoltà ad accettare le loro origini.

**Alexandra** – Mio marito ed io abbiamo lasciato la Romania perché c'era la dittatura e siamo venuti in Italia perché era vicina alla nostra cultura. Questo ci ha aiutato soprattutto con la lingua. Anche le iniziative dell'oratorio ci hanno aiutato a inserirci. Vorremmo tornare in Romania, prima o poi, ma i nostri figli sono nati qua: l'Italia è il loro Paese, nonostanze la diffidenza che ancora c'è.

**Amadou** – Ho lasciato il Senegal nel 1988 perché non avevo lavoro. Per due anni sono stato clandestino, poi, con la legge Martelli, ho avuto un permesso di soggiorno. Nel 1996 è arrivata mia moglie. Ora abbiamo tre figli, tutti nati qua. E abbiamo comprato casa. Ci troviamo bene, nonostante i problemi che obiettivamente ci sono. Sono musulmano, però per me la cosa più importante non è la religione, ma la democrazia: questa è la prima cosa che dico agli immigrati che arrivano.

c **Che cosa sapete dell'immigrazione in Italia? Parlatene con tutta la classe, aiutandovi con le testimonianze che avete appena letto. Considerate i seguenti punti.**

Paesi di provenienza | integrazione | seconde generazioni

**2** a **Leggete il testo e abbinate a ogni paragrafo uno dei seguenti titoli.**

1 Seconde generazioni e scrittori migranti
2 L'immigrazione irregolare
3 La nuova identità dell'Italia
4 Un ministro che viene da lontano
5 L'inserimento nella società
6 L'immigrazione regolare

☐ Verso la fine del XX secolo l'Italia ha cambiato pelle. Se dopo l'Unità per molti decenni milioni di italiani sono andati a cercare fortuna all'estero, a partire dagli anni '70 hanno cominciato invece ad arrivare molti cittadini provenienti da Paesi lontani.

14

☐ A fare notizia sono soprattutto gli immigrati irregolari perché sbarcano a Lampedusa come un tempo gli italiani ad Ellis Island, ma in condizioni ancora più drammatiche. Questo tipo di sbarchi aumenta periodicamente con i rifugiati che scappano dalle guerre. Naturalmente non è possibile sapere quanti sono esattamente gli irregolari, ma recenti stime parlano di circa mezzo milione. Queste persone vengono raccolte in centri di prima accoglienza, spesso sovraffollati e caratterizzati da condizioni di vita precarie, e perciò si creano problemi con la popolazione locale. Gli immigrati irregolari sono anche quelli che fanno i lavori più umili, precari e soggetti a sfruttamento.

☐ Molto più numerosi sono, però, gli immigrati regolarmente residenti in Italia: secondo i dati Istat, al 1° gennaio 2014 sono 4.922.085, pari al 9,4% della popolazione. La comunità più grande è quella rumena, seguita da quella cinese, marocchina e albanese. Nei primi tempi i lavoratori stranieri facevano quei lavori che gli italiani non volevano fare: per esempio la raccolta dei pomodori, i lavori domestici, la cura degli anziani (molte badanti sono straniere). Poi le loro attività si sono diversificate e sono entrate in concorrenza con quelle dei locali (come è successo nel settore tessile a Prato, in Toscana, dove esistono ormai molte aziende cinesi).

☐ Il cammino verso l'integrazione è lento e difficile, sia per la crisi economica, sia perché nella popolazione italiana si è diffusa la tendenza a vedere negli immigrati la causa principale della criminalità, sia perché molti genitori pensano che la presenza di tanti bambini stranieri nelle scuole danneggi la qualità dell'istruzione. Anche nelle città italiane si sono create delle comunità chiuse, come la «Chinatown» di Milano, che non facilitano l'integrazione.

☐ Ma ormai molti immigrati regolari hanno figli che sono nati e cresciuti in Italia, hanno studiato qui, hanno amici italiani e si sentono italiani: la scrittrice Igiaba Scego, per esempio, è nata a Roma da genitori somali, il regista Fred Kudjo Kuwornu è nato a Bologna da madre italiana e padre ghanese. Alcuni di loro – come la stessa Scego o il giornalista di origine senegalese Pap Khouma o Laila Wadia, nata a Bombay ma residente in Italia dal 1986 – si dedicano alla scrittura per elaborare e raccontare le proprie esperienze di «nuovi italiani»: è nata così, agli inizi degli anni '90, una nuova letteratura in lingua italiana di autori migranti, che ormai non si occupano più solo di temi legati all'immigrazione.

☐ Anche la politica fa passi avanti: la prima immigrata extracomunitaria ad assumere una carica pubblica importante a livello nazionale è stata Cécile Kyenge, oculista di origine congolese naturalizzata italiana, nominata Ministro dell'Integrazione nel governo Letta (aprile 2013-febbraio 2014).

**b Le idee che avete raccolto al punto 1c corrispondono alla realtà? Parlatene con un compagno.**

**c Quali somiglianze e differenze notate fra la situazione italiana e quella del vostro Paese? Parlatene in gruppo.**

| | |
|---|---|
| la carica | Amt |
| la causa | Ursache |
| il centro di prima accoglienza | Auffanglager |
| la diffidenza | Misstrauen |
| l'immigrato irregolare | illegaler Einwanderer |
| l'immigrato regolare | legaler Einwanderer |
| l'istruzione (f.) | Bildung |
| l'oculista (m./f.) | Augenarzt, -ärztin |
| l'origine (f.) | Herkunft |
| il rifugiato | Flüchtling |
| lo sbarco | Landung |
| lo sfruttamento | Ausbeutung |
| la stima | (hier) Schätzung |
| assimilare | sich aneignen |
| assumere | übernehmen |
| aumentare | steigen |
| danneggiare | schaden |
| elaborare | verarbeiten |
| facilitare | erleichtern |
| immigrare | einwandern |
| sbarcare | an Land gehen |
| scappare | fliehen |
| clandestino | illegal |
| extracomunitario | nicht zur EU gehörig |
| precario | unsicher |
| residente | ansässig |
| sovraffollato | überfüllt |
| umile | niedrig, bescheiden |

14

**1** **a Avete mai sentito nominare questi cognomi? Se sì, a proposito di cosa? Parlatene in gruppo.**

Dulbecco | Fermi | Hack | Montessori | Levi-Montalcini | Rubbia

**b Ora leggete i brevi «autoritratti» e abbinate ad ognuno un cognome risolvendo l'anagramma. Avevate indovinato?**

**1** Mi chiamo Enrico e sono nato a Roma nel 1901. Fra gli anni Venti e Trenta guido un gruppo di scienziati che conducono studi d'avanguardia all'Istituto di fisica teorica di Roma, in via Panisperna: è un bel gruppo, ci chiamano «i ragazzi di via Panisperna». Nel 1938 ricevo il Premio Nobel per i miei studi e le mie scoperte sulla radioattività. Ma quell'anno in Italia entrano in vigore le leggi razziali e siccome mia moglie è ebrea, ci trasferiamo negli Stati Uniti, dove io partecipo alle ricerche che portano alla realizzazione della bomba atomica. Il mio cognome è __________ (FIRME) (1901-1954).

**2** La fisica sembra essere un cavallo di battaglia degli scienziati italiani: anch'io, che sono nato a Gorizia nel 1934, lavoro in questo campo. Mi chiamo Carlo e nel 1984, per le mie scoperte, ho ricevuto il premio Nobel insieme al mio collega olandese Simon van der Meer. Dal 1989 al 1994 ho diretto il laboratorio Cern di Ginevra e nel 2013 sono stato nominato senatore a vita. Il mio cognome è __________ (RABBUI) (1934).

**3** Io invece mi chiamo Renato. Sono nato a Catanzaro nel 1914, ma nel 1947 sono emigrato negli Stati Uniti e poi sono diventato cittadino americano. Studio i virus, in particolare l'azione dei virus tumorali sulle cellule sane, e per questo nel 1975 ho ricevuto il premio Nobel per la medicina. Il mio cognome è __________ (BEDLUCCO) (1914-2012).

**4** E io sono, finora, l'unica donna italiana ad aver ricevuto un premio Nobel in campo scientifico. Mi chiamo Rita. Ho studiato a Torino (dove sono nata nel 1909) e sono diventata neurobiologa. Anch'io nel 1938 ho dovuto lasciare l'Italia perché sono ebrea: sono andata in Belgio, ma poi sono tornata a Torino. Dopo la guerra ho lavorato per molto tempo negli Stati Uniti, dove nel 1954 ho scoperto, insieme a Stanley Cohen, il fattore di crescita del sistema nervoso e per questo 32 anni dopo ho ricevuto il Nobel per la medicina. Nel 2001 sono stata nominata senatrice a vita. Di cognome mi chiamo __________________________ (VELI-CONTALMINI) (1909-2012).

5 Io invece mi occupo di stelle: sono un'astronoma. Mi chiamo Margherita, sono nata nel 1922 a Firenze, ma fin dal 1964 ho lavorato a Trieste come professore ordinario all'Università e direttrice dell'Osservatorio astronomico. Inoltre, mi sono impegnata molto nella divulgazione scientifica. Di cognome mi chiamo ____________ (KACH) (1922-2013).

6 Mi chiamo Maria e sono nata a Chiaravalle, nelle Marche, nel 1870. Sono stata una delle prime donne italiane a laurearsi in medicina (1896). Poi mi sono occupata di pedagogia e ho dedicato tutta la vita ai bambini. Ho ideato un metodo educativo nuovo che valorizza le capacità creative e aiuta il bambino a imparare da solo. Questo metodo si è poi diffuso in molti Paesi attraverso le scuole che portano il mio nome e cioè __________________ (INTROMESSO) (1870-1952).

**c Quali somiglianze e quali differenze trovate fra le sei persone? Parlatene con un compagno.**



**2 Cercate maggiori informazioni una delle persone citate e presentatele alla classe.**

**3** **a** **Leggete i seguenti titoli di giornali. Secondo voi, a quale fenomeno si riferiscono? Parlatene in gruppo.**

**Restare in Italia o andare all'estero?**
*La fuga dei cervelli vista dai giovani*

**Fuga dei cervelli, la nuova diaspora italiana?**

**«GIOVANI FUORI»,** quando i cervelli se ne vanno.

**b** **Ora leggete e verificate.**

Molti di loro cominciano ad andare all'estero durante gli studi, con il Programma Erasmus Plus. Non pochi ci tornano dopo l'università – con una laurea, una specializzazione o un dottorato in mano – e ci restano. Per alcuni anni, per molti anni o per tutta la vita. Dove vanno? In Europa le mete preferite sono Germania, Svizzera, Gran Bretagna e Francia. Fra i Paesi extra-europei troviamo soprattutto gli Stati Uniti. È la nuova emigrazione italiana: lasciano il Paese molte persone qualificate, alcune tornano con un ricco bagaglio di esperienze, altre invece non tornano e utilizzano all'estero la formazione ricevuta in Italia. La «fuga dei cervelli» è da anni un problema per l'Italia che, in questo modo, perde delle risorse. Sono stati perciò lanciati vari progetti, a livello nazionale e regionale, per favorire il rientro di questi giovani (per esempio dei ricercatori), ma senza i risultati sperati. Chi torna e chi rimane deve impegnarsi per spingere il mondo politico a realizzare quelle riforme strutturali che potrebbero evitare le fughe.



**c** **Conoscete una persona emigrata all'estero dopo gli studi? Sapete perché è emigrata, dove vive e che cosa fa all'estero? Raccontate.**

| | |
|---|---|
| l'astronomo/a | Astronom(in) |
| il cavallo di battaglia | Stärke |
| la cellula | Zelle |
| il fattore di crescita | Wachstumsfaktor |
| la fisica | Physik |
| il/la fisico/a | Physiker(in) |
| le leggi razziali | Rassengesetze (erlassen 1938 durch die Mussolini-Regierung) |
| la medicina | Medizin |
| il metodo educativo | Erziehungsmethode |
| il/la neurobiologo/a | Neurobiologe(in) |
| l'osservatorio astronomico | Sternwarte |
| la pedagogia | Pädagogik |
| la reazione nucleare | Kernreaktion |
| la ricerca | Forschung |
| lo/la scienziato/a | Wissenschaftler(in) |

| | |
|---|---|
| diffondersi | sich verbreiten |
| entrare in vigore | in Kraft treten |
| scoprire | entdecken |

**1** a **Guardate la foto del Duomo di Firenze e individuate i seguenti elementi.**

facciata | cupola | campanile | portale | sagrato

b **Nella vostra città o nel vostro paese ci sono campanili? Secondo voi, che cosa rappresentavano in passato? E adesso? Parlatene con tutta la classe.**

**2** a **Rispondete alla domanda e discutetene con un compagno.**

Secondo voi, che cosa può essere il campanilismo?

- ☐ Una tecnica per costruire le campane.
- ☐ Una tecnica per costruire i campanili.
- ☐ L'amore eccessivo per le tradizioni locali.
- ☐ La mancanza di interesse per le tradizioni locali.

b **Verificate le vostre ipotesi leggendo il testo e inserendo i nomi delle seguenti città. Se volete, potete aiutarvi con la cartina d'Italia a pag. 110.**

Roma | Brescia | Lecce | Livorno | Milano | Bergamo | Trieste | Siena



Volete far arrabbiare un bergamasco? Scambiatelo per un bresciano. E perché si arrabbia? Perché fra __________ e __________ esiste una forte rivalità che si manifesta in tutti i settori, dagli affari ai campi di calcio. Altre rivali storiche sono, per esempio __________ e Brindisi, Udine e __________ o Pisa e __________. In Toscana, poi, quasi tutte le città si sentono rivali di tutte le altre e __________ non trova pace nemmeno al proprio interno, per cui le 17 contrade si sfidano ogni anno nel Palio, in Piazza del Campo. Ma c'è antagonismo anche fra città lontane, come __________ e __________: la capitale del cattolicesimo e quella dell'Illuminismo, la capitale d'Italia reale e quella morale, si dice, e così via. Questo fenomeno – che è un misto di appartenenza, orgoglio cittadino e attaccamento a volte eccessivo alle tradizioni locali – ha un nome: campanilismo, perché un tempo il campanile era l'edificio più alto e rappresentativo di una città o di un paese.

c **Avevate indovinato? Parlatene con un compagno.**

**3** a **Come vi spiegate il fenomeno del campanilismo? Guardate la cartina d'Italia a pag. 110, trovate le città del testo 2b e discutetene in gruppo. Poi leggete il testo a pag. 98 e verificate.**

16

Ma da dove viene la rivalità? Beh, innanzi tutto, fino a metà del XIX secolo, l'Italia non era uno stato unitario, ma era divisa in tanti piccoli stati, che nel centro-nord spesso corrispondevano a città ed erano in competizione uno con l'altro per il dominio del territorio, divisi fra sostenitori del papa (guelfi) e sostenitori dell'imperatore (ghibellini). Inoltre, alcune città, come Udine e Trieste, si trovano in zone diverse di regioni di frontiera e hanno perciò una storia e una cultura del tutto differenti. Storia e cultura diverse caratterizzano anche il Nord e il Sud, rivali soprattutto a partire dal Risorgimento.

E di questo passato così speciale ci restano solo le rivalità? Naturalmente no: ci resta anche la varietà delle nostre tradizioni culturali, linguistiche, gastronomiche, architettoniche. E le numerose città d'arte, un tempo centri leader in Europa – pensiamo per esempio alla Firenze del Rinascimento – oggi testimoni di epoche in cui si gareggiava per chi costruiva i palazzi, le chiese, i monumenti più belli.

**b Avevate indovinato? Quali somiglianze e quali differenze trovate rispetto alla storia del vostro Paese? Parlatene con un compagno.**

**4** **Nel vostro Paese esistono rivalità di questo genere? Se sì, sapete perché? Parlatene in gruppo e provate a fare una mappa dei campanilismi di casa vostra.**

**5** **a Di quale località citata ai punti 2b e 3a si parla nel testo a pag. 99? Che cos'ha di particolare? Leggete e poi parlatene con un compagno.**

Il Friuli Venezia Giulia è una regione molto piccola, ma molto varia. Qui si parlano, oltre all'italiano, lo sloveno, il tedesco, il friulano e il dialetto veneto perché questa regione è da sempre un punto d'incontro fra i popoli. E lo è soprattutto il capoluogo: Trieste, città di mercanti e di navigatori, di cantieri e di assicurazioni, un tempo porto dell'Impero Asburgico e oggi sede di enti internazionali come la Sissa[1]. Dopo l'istituzione del porto franco (1719) molti vennero a cercar fortuna nella città adriatica, dove convissero per quasi due secoli persone appartenenti a nazioni, civiltà, religioni e ceti sociali diversi: italiani e sloveni del posto, serbi, croati, cechi, ungheresi, armeni, greci, turchi, inglesi, ebrei provenienti da vari paesi. E tutti – dal triestino Umberto Saba (poeta) all'irlandese James Joyce (scrittore) a qualsiasi operaio dei cantieri – avevano una lingua comune: il dialetto locale. Oggi Trieste non è più la metropoli cosmopolita di allora, ma basta andare a mangiare per riconoscere gli influssi di culture diverse, soprattutto austriaci e sloveni. O fare una passeggiata e scoprire i diversi stili architettonici. E ancora più affascinante è scoprire la Trieste multireligiosa: la Cattedrale di San Giusto, S. Antonio Nuovo con i due campanili gemelli sul retro, il Tempio Israelitico, la Chiesa serbo-ortodossa di San Spiridione con le sue cinque cupole azzurre, la chiesa greco-ortodossa di S. Nicolò e ancora San Silvestro, la chiesetta della comunità elvetica valdese, o la Chiesa Evangelica Luterana ci parlano di un continuo dialogo fra i popoli.

---
[1] Scuola Internazionale Superiore di Studi Avanzati

**b Quali chiese riuscite a individuare nella foto?**

**6** **a Nel vostro Paese esiste una città o regione multiculturale come Trieste?**

**b Guardate la cartina d'Italia. Quali altre regioni o città potrebbero avere una tradizione multiculturale? Parlatene in gruppo, poi scegliete una regione o una città, cercate delle informazioni e presentatela alla classe.**

| | |
|---|---|
| l'appartenenza | Zugehörigkeit |
| il campanile | Glockenturm, (fig.) Heimatort |
| il cantiere (navale) | (hier) Schiffswerft |
| la contrada | Stadtbezirk |
| la cupola | Kuppel |
| la facciata | Fassade |
| l'Illuminismo | Aufklärung |
| il mercante | Händler |
| l'orgoglio | Stolz |
| la pace | Frieden |
| il porto franco | Freihafen |
| il retro | Rückseite |
| il sagrato | Kirchplatz |
| il sostenitore | Unterstützer |
| corrispondere | übereinstimmen |
| essere in competizione | konkurrieren |
| gareggiare | wetteifern |
| scambiare | verwechseln |
| sfidarsi | sich gegenseitig herausfordern |
| eccessivo | übertrieben |
| gemello | Zwillings- |

# Lösungsschlüssel A1

Für alle Übungen, in denen nach Ihrer persönlichen Meinung bzw. Einschätzung oder nach Ihren Vorkenntnissen gefragt wird, wird hier keine Lösung angegeben. Diese ist dann als individuell zu betrachten.

## 1 Un Paese a forma di...

2 a L'italia è un Paese a forma di stivale.

b **Monti:** Alpi, Appennini, Gran Sasso, Monte Bianco; **Pianure:** Campidano, Maremma, Tavoliere; **Mari:** Adriatico, Tirreno; **Fiumi:** Po, Tevere; **Laghi:** Garda, Trasimeno; **Vulcani:** Etna, Stromboli, Vesuvio; **Isole:** Lampedusa, Stromboli, Ischia

3 a stivale; stivale; Francia; Svizzera; Austria; Slovenia; Slovenia; Città del Vaticano; San Marino; Adriatico; Ionio; Tirreno; Ligure; Sicilia/Sardegna; Sardegna/Sicilia

b Tevere; Arno; Reno; Adige; Po; laguna; coste

c Padana; Alpi; Appennini; Tavoliere; stivale; Maremma; Campidano

4 **1** b; **2** a; **3** c; **4** b; **5** c; **6** b; **7** b; Lago Trasimeno

5 Terremoto

## 2 Prodotti d'Italia

1 **Soluzione possibile: vino:** Piemonte, Lombardia (Franciacorta), Friuli, Emilia-Romagna, Toscana, Sicilia; **agrumi:** Sicilia, Puglia, Calabria, Molise, Campania; **pomodori:** Toscana, Sicilia; **olio d'oliva:** Liguria, Toscana, Sicilia, Puglia, Calabria, Lazio, Umbria, Abruzzo; **mozzarella:** Campania; **gianduiotti:** Piemonte (Torino); **grappa:** Friuli; **mele:** Trentino; **radicchio rosso:** Treviso; (Veneto); **parmigiano:** Emilia-Romagna; **mortadella:** Bologna; **pecorino:** Toscana, Roma, Sardegna; **prosciutto:** Friuli (San Daniele, Sauris), Emilia-Romagna (Parma); **peperoncino:** Calabria

3 Sanremo; Chianti; Collio; Collio; Abruzzo; Valle dei Templi

## 3 Non è vero, ma ci credo

2 **1** un gatto nero attraversa la strada; **2** porta sfortuna il venerdì (peggio ancora se è il 17!); **3** aprire un ombrello in casa; **4** toccare ferro; **5** avere con sé un piccolo corno rosso; **6** rompere uno specchio; **7** rovesciare il sale in tavola; **8** trovare un quadrifoglio

4 **gatto nero:** porta sfortuna per il colore e perché è associato alle streghe; **ombrello aperto in casa:** ricorda il tetto rotto o una persona senza casa; **rovesciare il sale in tavola:** il motivo non è chiaro, forse perché era un prodotto prezioso (e rovesciarlo una perdita), oppure perché è un simbolo sacro o perché rappresenta amicizia e fedeltà; **rompere uno specchio:** porta sfortuna perché si «rompe» quello che si vede dentro; **essere 13 a tavola:** porta sfortuna perché ricorda il numero delle persone riunite alla tavola dell'Ultima cena (e uno di loro, Cristo, è morto); **numero 17:** porta sfortuna perché è l'anagramma di VIXI, cioè «vissi, ho vissuto» (quindi ora sono morto); **ferro di cavallo:** porta fortuna, ma non è chiaro perché; **quadrifoglio:** porta fortuna perché è una rarità; **cornetto rosso:** porta fortuna perché è simbolo di fertilità

## 4 Tutti al mare?

1 b La canzone è degli anni Sessanta (1963, cantata da Mina) e si riferisce ai flirt delle vacanze e all'abitudine di trascorrere la villeggiatura ogni anno nello stesso posto, in genere una località marina come Riccione o Rimini.

2 b Le vacanze diventano più brevi, più varie e si va più spesso all'estero. Con la crisi economica diminuiscono anche le settimane bianche, mentre aumentano le vacanze di avventura, le visite nelle città d'arte e le ferie a casa. Poi si diffonde, soprattutto fra i giovani, il turismo etico, che abbina vacanze e impegno sociale.

3 **L'Italia agli esami:** Prima delle vacanze, però, c'è un «rito» nazionale...; **Ferie e partenze:** Il periodo delle ferie si concentra...; **Vacanze scolastiche e famiglie:** Per le famiglie tutto dipende...

4 **a** 1; **b** 5; **c** 4; **d** 4; **e** 1; **f** 3; **g** 2; **h** 6

# Lösungsschlüssel A2

Für alle Übungen, in denen nach Ihrer persönlichen Meinung bzw. Einschätzung oder nach Ihren Vorkenntnissen gefragt wird, wird hier keine Lösung angegeben. Diese ist dann als individuell zu betrachten.

## 1 L'Italia delle Regioni

1 **a** La soluzione si trova nella cartina politica a pag. 110.

**b** **1** Sicilia; **2** Valle d'Aosta; **3** Lazio; **4** Umbria; **5** Sardegna e Sicilia; **6** Sono tutte tre al nord, hanno le Alpi, confinano con altri Paesi europei e perciò comprendono anche lingue e culture diverse da quella italiana.

2 **a** Sicilia; Sardegna; Valle d'Aosta; Trentino Alto Adige; Friuli Venezia Giulia

**b** **1** Il sindaco è una persona eletta dai cittadini per guidare il Comune.; **2** Il governatore/ la governatrice è il/la Presidente di una Regione.; **3** Lo Statuto è il regolamento di una Regione.; **4** Le Regioni non sono tutte uguali: 15 hanno uno statuto ordinario e 5 uno statuto speciale, cioè un'autonomia più ampia e, per esempio, leggi che proteggono le minoranze linguistiche.

## 2 La Repubblica italiana

1 **a** **sinistra:** Costituzione; **destra:** referendum

2 **a** «Come funziona lo Stato?»: Costituzione; Parlamento; Costituzione; Parlamento; «Ma quali partiti sono rappresentati in Parlamento?»: elezioni; «Il Governo propone le leggi...»: Governo; Governo; «E se il popolo non è d'accordo con una legge?»: referendum

3 **a** Palazzo Montecitorio: Camera dei deputati; Palazzo Madama: Senato; Palazzo Chigi: Governo; Palazzo del Quirinale (detto anche il Colle): Presidente della Repubblica; Palazzo della Farnesina: Ministero degli Affari Esteri.

**b** L'abitudine linguistica è quella di usare il nome del palazzo per indicare l'organo dello Stato che in quel palazzo ha sede.

## 3 Made in Italy

1 Chi realizza un prodotto a mano...: artigiano; Impresa specializzata...: casa; Organizzazione che produce in serie...: industria; Simbolo, disegno o nome...: marchio; Nome di una persona famosa in un certo campo...: firma

3 **b** **1** falso; **2** falso; **3** vero; **4** vero

4 **a, b** Cremona si trova in Lombardia; Messina è in Sicilia; l'isola di Murano si trova in Veneto, nella laguna a nord-est di Venezia; Napoli è in Campania.
Prodotti: Cremona: violino; Messina: ceramica; Murano: vetro; Napoli: presepio.

5 Creatività, qualità, stile italiano; alcuni prodotti realizzati ancora completamente in Italia, come quelli certificati dal marchio «100% Made in Italy»; i distretti specializzati nella realizzazione di determinati prodotti, come sedie, mobili, caffè, coltelli, calzature, oreficeria.

6 **Soluzione possibile:** Per un'amica che ama le scarpe in Toscana, nelle Marche e in Campania; per la nonna che ama scrivere lettere a mano a Fabriano; per un amico / un'amica che arreda la sua casa in Brianza (Lombardia) e in Friuli; per la moglie nell'anniversario di matrimonio in Veneto (soprattutto Vicenza) e in Toscana.

## 4 E lucean le stelle

1 **a, b** **Soluzione possibile:** adagio, andante, allegro, allegretto, da capo, piano, Piano, presto, Tempo, Trio, Cembalo, Konzert (< concerto), Oper (< opera), Arie (< aria), Violine (< violino), Sonate (< sonata). Le parole della musica sono entrate in varie lingue straniere, come il tedesco, fra il Cinquecento e l'Ottocento anche grazie a musicisti italiani (compositori, direttori d'orchestra, librettisti) che lavoravano all'estero.

2 **b** Il genere musicale di cui si parla è il melodramma, nato a Firenze tra la fine del Cinquecento e il Seicento, quando si diffonde l'uso di cantare un intero dramma.

3 a **1** La musica contribuisce a diffondere la lingua e la cultura italiana all'estero.; **2** L'opera.; **3** Il melodramma nasce tra la fine del Cinquecento e l'inizio del Seicento e raggiunge la massima diffusione nell'Ottocento.; **4** Tutte, anche le classi popolari.; **5** Il compositore più noto è Giuseppe Verdi; la sua musica è associata alle lotte per l'unità d'Italia perché nei suoi temi storici si vede un'allusione a quelle lotte.

4 **1** Divi e primedonne del bel canto;
**2** I luoghi della musica

## 5 Canzoni d'autore

1 a **1** cantautore; **2** paroliere; **3** cantastorie; **4** compositore; **5** cantante

2 b La canzone d'autore è una corrente che rinnova la musica leggera italiana tra la fine degli anni Cinquanta e l'inizio dei Sessanta del Novecento. La novità principale sono i cantautori, che hanno uno stile diverso da quello dei cantanti dei decenni precedenti, curano molto i testi e trattano temi nuovi.

3 b È innovativa per la musica e per il testo surreale. Inoltre Modugno canta in modo nuovo per i tempi, con gesti che esprimono gioia, come il testo.

c

| | Quando? | Chi? | Caratteristiche |
|---|---|---|---|
| La prima svolta | nel 1958 | D. Modugno con *Nel blu dipinto di blu* | musica innovativa, testo surreale, canto e gesti innovativi |
| La scuola genovese | inizia negli anni Sessanta | L. Tenco, G. Paoli, B. Lauzi, U. Bindi, F. De André | si ispirano spesso a *chansonnier* francesi, ma con stile individuale, amano temi impegnati |
| La scuola milanese | inizia negli anni Sessanta | E. Jannacci, G. Gaber | ironia, testi paradossali o surreali, spettacoli simili al cabaret |
| Musica e politica | soprattutto negli anni Sessanta e Settanta | F. De André, F. Guccini, G. Gaber e altri | temi impegnati come il pacifismo, la libertà, gli outsider, le culture minacciate |
| Musica e sentimenti | in tutte le epoche | per es. L. Battisti e C. Baglioni negli anni Settanta | amore come tema principale |
| Tendenze recenti | negli anni Ottanta, Novanta, Duemila | per es. P. Conte, A. Branduardi, P. Daniele, V. Capossela, D. Silvestri, L. Carboni, Elisa, S. Cristicchi, F. Tricarico | apertura al jazz, al blues, a musiche antiche, a ritmi rock, ai dialetti |

## 6 La salute è un diritto di tutti

2 a Il testo spiega come funziona l'assistenza sanitaria in Italia.

b **a** 1; **b** 3; **c** 1; **d** 4; **e** 2; **f** 2; **g** 4

c **Soluzione possibile: foto a sinistra:** visita dal medico di base, visita specialistica; **foto in alto a destra:** casi di emergenza (servizio 118); **foto in basso:** assistenza medica in Italia e in altri Paesi dell'Unione Europea

d **1** falso; **2** falso; **3** vero; **4** vero

4 a È un numero di identificazione che serve a fini fiscali e anche per altri scopi, per esempio per i servizi sanitari o per i contratti (per comprare un'automobile, una casa, un cellulare ecc.).

## 7 Le nostre feste

1 Le festività civili sono: il 25 aprile, Anniversario della Liberazione; il 1° maggio, Festa del lavoro; il 2 giugno, Festa della Repubblica

2 b

| Quando | Che cosa si festeggia? | Come si festeggia? |
|---|---|---|
| 25 aprile | L'anniversario della liberazione dal nazifascismo (aprile 1945) e la fine della seconda guerra mondiale. | La celebrazione principale è a Roma, con il Presidente della Repubblica, ma si festeggia anche in altre città. |
| 1° maggio | Si ricordano le lotte per la conquista dei diritti dei lavoratori. | In tutto il Paese ci sono manifestazioni; a Roma, dal 1990, c'è un grande concerto in Piazza San Giovanni. |
| 2 giugno | L'anniversario della nascita della Repubblica italiana, avvenuta con un referendum popolare il 2 giugno 1946. | Si festeggia a Roma con una parata militare, le Frecce Tricolori e la deposizione di una corona all'Altare della Patria. |

3 Il 27.1, il 10.2, il 17.3, il 9.5 hanno in comune il fatto di essere ricorrenze civili, sono cioè normali giorni lavorativi in cui però si svolgono celebrazioni per ricordare qualcosa di importante per la storia del Paese. Non è una festività ufficiale, ma è ormai entrato nelle abitudini, l'8 marzo.

| Data | Solennità ufficiale? | Che cosa si ricorda? |
|---|---|---|
| 27 gennaio | Sì. | Si commemorano le vittime del nazifascismo e dell'Olocausto. |
| 10 febbraio | Sì. | L'«esodo» degli italiani dalla Jugoslavia durante e dopo la seconda guerra mondiale e le deportazioni avvenute in quel periodo. |
| 8 marzo | No. | Le conquiste sociali e politiche delle donne, ma anche le discriminazioni che le riguardano. |
| 17 marzo | Sì. | L'Unità d'Italia, «nata» con la proclamazione del Regno d'Italia nel 1861. |
| 9 maggio | Sì. | Si commemorano le vittime del terrorismo. |

## 8 Il ritmo dei mesi e delle stagioni

1 **primavera:** Pasqua; **estate:** Assunzione di Maria (Ferragosto, 15 agosto); **autunno:** Ognissanti (1° novembre); **inverno:** Capodanno (1° gennaio, è anche una festa cattolica, ma oggi l'aspetto religioso è meno sentito), Epifania (6 gennaio), Immacolata Concezione (8 dicembre), Natale (25 dicembre), Santo Stefano (26 dicembre)

2 a **1** Pasqua; **2** Natale; **3** Epifania; **4** Lunedì di Pasqua

b **1** inverno; **2** primavera; **3** estate; **4** autunno; **5** inverno

c **1** lenticchie e zampone; **2** panettone; **3** colomba di Pasqua; **4** uova colorate

d

| | Quale festa? | Che cosa rappresenta(no)? |
|---|---|---|
| **Fuochi d'artificio** | San Silvestro | saluto all'anno nuovo |
| **Lenticchie** | San Silvestro e Capodanno | simbolo di fortuna economica |
| **Ramo d'ulivo o di palma** | Domenica delle Palme | simbolo di pace |
| **Uova di cioccolato** | Pasqua | simbolo di nuova vita |
| **Presepe** | Natale ed Epifania | la nascita di Gesù e poi la visita dei Re Magi |

## 9 Ritmi e tradizioni

1 **a** **1** tamburello; **2** fisarmonica; **3** armonica a bocca; **4** clarinetto; **5** flauto; **6** mandolino

2 **b** balli tirolesi, balli delle valli occitane, balli staccati, liscio; tradizione, diffuso, a coppie; tarantella, pizzica, tammurriata, balli sardi

**c** **balli delle valli occitane:** fisarmonica, clarinetto, armonica a bocca; **tarantella:** mandolino, fisarmonica; **tammurriata:** tamburello (tamorra); **balli sardi:** armonica a bocca, fisarmonica, flauto

## 10 Che idea!

1 **a** Si parla di persone che hanno avuto idee innovative, fatto scoperte, realizzato invenzioni.

**c** **Francobollo:** Guglielmo Marconi;
**Uomo Vitruviano:** Leonardo da Vinci

2

| nome | epoca | settore | cosa ha scoperto / inventato / fatto |
|---|---|---|---|
| **L. da Vinci** | XV-XVI secolo | numerosi settori (genio universale) | anticipa idee per apparecchi realizzati più tardi (p. es. elicottero), realizza studi di anatomia, dipinge |
| **G. Galilei** | XVI-XVII secolo | fisica, matematica, filosofia, astronomia, letteratura | padre della scienza moderna, realizza apparecchi innovativi (cannocchiale, telescopio) |
| **G. Marconi** | XIX-XX secolo | telecomunicazioni | radio e telefono senza fili |
| **A. Meucci** | XIX secolo | telecomunicazioni | telefono |
| **A. Volta** | XVIII-XIX secolo | fisica | pila elettrica |

4 **a** Si parla della scoperta dell'America. Ha a che fare con l'Italia perché Cristoforo Colombo e Amerigo Vespucci erano italiani.

# Lösungsschlüssel B1

Für alle Übungen, in denen nach Ihrer persönlichen Meinung bzw. Einschätzung oder nach Ihren Vorkenntnissen gefragt wird, wird hier keine Lösung angegeben. Diese ist dann als individuell zu betrachten.

## 1 La storia in rosa

2 **Foto a sinistra:** paragrafo 1
**foto a destra:** paragrafo 3

3 a **1** ieri; **2** oggi; **3** oggi; **4** oggi; **5** ieri e oggi; **6** oggi; **7** ieri e oggi

b **Soluzione possibile: 1** A livello nazionale, le donne italiane hanno votato per la prima volta il 2 giugno 1946, per scegliere fra monarchia e repubblica e per votare l'Assemblea Costituente.; **2** Lo dice l'articolo 3 della Costituzione, scritta dopo il referendum del 1946.; **3** La legge che legalizza il divorzio è del 1970.; **4** È così dal 1963.; **5** L'accesso ai posti di comando è ancora oggi più difficile per le donne che per gli uomini.; **6** Oggi le donne hanno accesso agli studi come gli uomini e spesso raggiungono un livello di istruzione superiore.; **7** È così ancora oggi, anche se ora gli uomini collaborano di più in casa.; **Momenti di svolta:** per esempio il voto del 1946, il movimento femminista e la legislazione degli anni Settanta. Il 2014 è considerato una svolta per il numero delle donne che guidano dei ministeri.

5 **Somiglianze:** sono tutte donne, tutte siciliane e tutte impegnate nella lotta contro la mafia. Felicia Bartolotta Impastato e Rita Atria hanno in comune l'appartenenza a una famiglia mafiosa, a cui si sono ribellate. **Differenze:** hanno età diverse, Rita Atria è molto più giovane delle altre tre; esercitano professioni diverse (Felicia Impastato casalinga, Letizia Battaglia fotografa, Pina Grassi imprenditrice); diverso è anche il modo di lottare contro la mafia. **Ruolo sociale:** le loro storie e le loro attività sensibilizzano l'opinione pubblica al problema della mafia e possono educare i giovani (per esempio con iniziative per le scuole).

## 2 Famiglie di ieri e di oggi

2 a, b **1** Che cos'è una famiglia?; **2** A partire dagli anni Sessanta...; **3** Ma come è cambiato il modello familiare?; **4** Accanto alla famiglia tradizionale...; **5** Una cosa è rimasta costante...; **6** Un punto fisso e un ritorno...

3 **1** falso; **2** vero; **3** vero; **4** falso; **5** falso; **6** falso; **7** vero

## 3 Gli italiani e lo sport

1 b **1** Sportivi, ma non troppo?; **2** Passioni e campioni; **3** Il più amato dagli italiani

2 **1** Fanno sport soprattutto presso associazioni sportive; **2** Calcio (maschile e femminile), ginnastica, danza, nuoto; **3** Il calcio; **4** Ciclismo: Bartali/Coppi, Saronni/Moser; calcio: fra squadre della stessa città (Genova, Milano, Torino, Roma); **5** Una partita fra due squadre della stessa città (Milan-Inter, Juventus-Torino, Roma-Lazio, Genoa-Sampdoria); **6** Scontri fra *ultras* (tifosi violenti) di diverse squadre e fra *ultras* e polizia

4 b I tifosi usano il verde, il bianco, il rosso e l'azzurro: i primi tre si usano perché sono i colori della bandiera italiana, l'azzurro fa parte dell'iconografia tradizionale dell'Italia ed era il colore tipico della famiglia reale (i Savoia): per questo dal 1911 è anche il colore delle nazionali italiane.

## 4 Imprese d'Italia

1 **1** L'Italia ha poche risorse naturali.; **2** L'Italia importa molta energia.; **3** Lo sviluppo industriale è avvenuto in modo diverso nel Nord, Centro e Sud.; **4** Oggi il settore più dinamico è quello dei servizi.

2 a energia; Nord-Ovest; porto; Nord-Est; Sud; industrializzati; servizi; globali

3 a Fonderia Pontificia Marinelli – campane – Agnone; Barilla – alimentari – Parma; Benetton – abbigliamento – Ponzano Veneto (Treviso); Fiat – automobili – Torino; Luxottica – occhiali – Agordo (Belluno); Mediaset – televisione – Milano; Nonino – grappa – Percoto (Udine); Olivetti – prodotti per ufficio – Ivrea; Pirelli – pneumatici – Milano

b Agnelli: Fiat; Berlusconi: Mediaset; Del Vecchio: Luxottica

d L'azienda di cui si parla (Olivetti) è speciale perché oltre a realizzare prodotti di successo ha coinvolto un'intera città (Ivrea) in un progetto di innovazione sociale molto originale.

## 5 Un patrimonio dell'umanità

1 a La Lista del Patrimonio dell'Umanità è un elenco di luoghi che l'Unesco ritiene importanti come eredità del passato, da curare e trasmettere alle generazioni future. Per essere incluso nella lista, un luogo o un monumento deve avere un particolare valore storico, estetico, archeologico, scientifico, etnologico o antropologico (patrimonio culturale) oppure particolari caratteristiche fisiche, biologiche e geologiche, per esempio come habitat di specie animali e vegetali in pericolo (patrimonio naturale).

b La soluzione si trova nei testi del punto 2.

2 **a** 1; **b** 2; **c** 4; **d** 3

4 a **Soluzione possibile:** Roma, Firenze, Venezia, Milano, Pisa, Napoli, Toscana, Veneto, Emilia-Romagna

5 a Si parla di San Gimignano e dell'eccessivo numero di turisti che la visitano ogni anno. La soluzione proposta è il turismo a numero chiuso.

## 6 La parola alle immagini

2 a **1** b; **2** e, **3** d; **4** a; **5** c

b Il neorealismo, la commedia all'italiana, il cinema d'autore

## 7 Cari amici vicini e lontani

3 a, b La musica leggera è nata nell'Ottocento. La musica leggera è un genere derivato dal melodramma e dalla canzone napoletana. Durante il fascismo si ascoltavano anche musiche straniere.
Dopo la guerra avevano successo cantanti melodici e interpreti vicini al rock and roll. Negli anni Settanta la musica leggera era anche un mezzo di lotta politica.

4 b Umbria Jazz; Festival di Sanremo; Festivalbar

## 8 Amo la radio...

3 b La radio è una finestra sull'Italia negli anni '30-'40 con i discorsi di Mussolini, le cronache di regime e le radiocronache sportive, ma anche dopo la guerra con le informazioni con cui si partecipa alla vita del Paese. È un collegamento con il mondo negli anni Trenta, con la musica americana e durante la guerra per la possibilità di ascoltare le trasmissioni di emittenti straniere come Radio Londra e Radio Mosca. È un mezzo per unificare il Paese in ogni fase della sua storia perché contribuisce a diffondere la lingua italiana, nuovi usi e costumi.

4 Secondo il ritornello, la radio è un mezzo di comunicazione diretto e creativo perché porta in casa nostra le idee di altri e non costringe a seguire passivamente una trasmissione, ma mette in attività il pensiero. La canzone da cui è tratto il ritornello è *La radio* di Eugenio Finardi. La soluzione relativa alle radio libere si trova nel paragrafo *Anni Settanta* del punto 5.

5 Le radio libere sono emittenti non commerciali che fanno controinformazione e diventano la voce del movimento studentesco. Sono vissute come strumento di partecipazione, di dibattito politico, di confronto con altri giovani.

## 9 I nostri classici

1 **a** 5; **b** 2; **c** 4; **d** 1; **e** 3

2 **a** Dai *Promessi sposi* di A. Manzoni; **b** Dalla *Divina Commedia* di Dante Alighieri; **c** Dagli *Idilli* di G. Leopardi (il titolo di questo idillio è *Canto notturno di un pastore errante dell'Asia*);
**d** Dal *Cantico delle creature* di Francesco d'Assisi;
**e** Dal *Canzoniere* di F. Petrarca

3 **Francesco d'Assisi:** tra la fine del XII e l'inizio del XIII secolo; Umbria; opera principale: *Cantico delle creature*. **Dante:** fra il XIII e il XIV secolo; Firenze, Bologna, Ravenna; opera principale: *La Divina Commedia*. **Petrarca:** nel Trecento; Arezzo, Avignone, Milano, Venezia, Pavia, Padova, Arquà; opera principale: *Canzoniere*. **Boccaccio:** nel Trecento; Certaldo, Napoli, Firenze; opera principale: *Decameron*. **Manzoni:** tra la fine del XVIII e il XIX secolo; Milano; opera principale: *I promessi sposi*. **Leopardi:** tra la fine del XVIII e il XIX secolo; Recanati (Marche), Napoli; opere principali: *Idilli, Operette morali, Zibaldone*. **Verga:** tra il XIX e il XX secolo; Catania; opera principale: *I Malavoglia*.

4 Questo matrimonio non s'ha da fare, né ora né mai; Il freddo ha mille forme e mille modi di muoversi nel mondo; No, ragazzi, avete sbagliato. C'era una volta un pezzo di legno; Ho conosciuto un bambino che era sette bambini

## 10 Così ti vedo io

1 a La vignetta introduce il tema degli stereotipi.

b L'italiano è quello con il vestito nero, la camicia bianca, gli occhiali da sole e la pistola; caratteristiche attribuite: cool, misterioso, curato nell'aspetto esteriore, criminale, probabilmente perché l'Italia viene associata alla criminalità organizzata.

2 a avere fantasia, poca fiducia nello stato; essere generosi, furbi, individualisti, solidali; prendere le cose con filosofia; saper arrangiarsi, godersi la vita

b **1** c; **2** a; **3** b

d **Soluzione possibile:** Alcuni sono certamente stereotipi, come l'immagine proposta dalla vignetta.

## 11 L'Italia in breve – Dall'Unità alle guerre

1 a **Vittoriano (in alto):** il nome deriva da Vittorio Emanuele II, il primo re d'Italia. Alla sua morte, nel 1878, si decise di costruire a Roma un monumento per celebrare il Padre della Patria e il Risorgimento. Venne inaugurato da Vittorio Emanuele III il 4 giugno 1911, nell'ambito delle celebrazioni per i cinquanta anni dell'Unità d'Italia. Si trovano qui l'Altare della Patria e, sotto la statua della dea Roma, la tomba del Milite ignoto, in memoria dei tanti militari caduti in guerra di cui non si conosce il nome o il luogo di sepoltura.

**Sacrario di Redipuglia:** è il più grande Sacrario Militare italiano e si trova in provincia di Gorizia. Realizzato, su progetto dell'architetto Giovanni Greppi e dello scultore Giannino Castiglioni, sul Monte Sei Busi (molto conteso durante la prima guerra mondiale), fu inaugurato nel 1938. Custodisce le salme di 100.187 caduti della Grande Guerra, 60.330 dei quali non identificati. La grande scalinata si presenta come uno schieramento militare guidato dal suo comandante, poiché alla base c'è la tomba del Duca d'Aosta, comandante della III Armata. Sui 22 gradoni è scritto centomila volte «Presente».
È uno dei luoghi della memoria più importanti della Grande Guerra.

b **a** un'epoca di lotta per l'indipendenza e l'unità d'Italia; **b** la prima guerra mondiale; **c** l'epoca del fascismo; **d** una fase della seconda guerra mondiale.

3 a Veneto e Friuli (1866); Roma (1870); Trentino, Alto Adige, Venezia Giulia (Gorizia e Trieste) dopo la prima guerra mondiale

## 12 L'Italia in breve – Il dopoguerra

1 a, b **È nata la Repubblica italiana:** Anni '50-'60 (referendum popolare del 2 giugno 1946); **Festa per il capodanno dell'euro:** Terzo millennio (entrata in vigore dell'euro, 1° gennaio 2002); **L'Italia è un Paese moderno...:** Anni '70 (referendum sul divorzio, 1974); **Berlusconi: così farò il miracolo:** Anni '90 e terzo millennio (entrata in politica di Silvio Berlusconi e berlusconismo).

2 Nascita della Repubblica: 1946; miracolo economico: 1958-1963; movimenti studenteschi: 1968, 1977; anni di piombo: dal dicembre 1969 alla metà degli anni '80; fine della Prima Repubblica: primi anni '90.

3 2, 5, 1, 3, 4

## 13 Paese mio ti lascio, io vado via

1 **Soluzione possibile:** le persone si trovano in un porto, sono appena arrivate con una nave e probabilmente sono migranti che vengono da un Paese straniero.

2 a **1** c; **2** a; **3** b

b **1** tutti i tipi di migrazione; **2, 3, 4, 5, 6, 7, 9** emigrazione; **8** migrazione interna

3 **1** L'emigrazione italiana è stata più intensa fra l'Unità e l'inizio del Novecento (fino allo scoppio della prima guerra mondiale) e poi fra la fine della seconda guerra mondiale e la metà degli anni Settanta.; **2** Emigravano soprattutto quegli uomini che non trovavano lavoro e dovevano mantenere una famiglia.; **3** Gli emigranti provenivano all'inizio soprattutto dalle regioni del Nord come il Veneto, il Friuli e il Piemonte, poi da quelle meridionali (Calabria, Campania e Sicilia in testa).; **4** Nella prima fase si emigrava soprattutto negli Stati Uniti, in Argentina, in Brasile, ma anche in alcuni Paesi europei come l'Austria, la Francia, la Germania e la Svizzera, mentre nella seconda fase i paesi europei diventano la meta principale.; **5** L'inserimento è stato lento e difficile.; **6 Soluzione possibile:** Per esempio, imparare la lingua, studiare, non chiudersi nella propria comunità, avviare attività economiche di successo.

5 **Soluzione possibile: politica:** Fiorello La Guardia, Mario Cuomo, Rudolph Giuliani, Bill De Blasio, Nancy Pelosi; **sport:** Joe Di Maggio, Jake La Motta; **letteratura:** Mario Puzo, Don De Lillo; **musica:** Jon Bon Jovi, Madonna, Frank Sinatra, Lady Gaga; **scienza:** Antonio Meucci, Emilio Segrè; **economia:** Franco Modigliani; **cinema:** Francis Ford Coppola, Robert De Niro, Leonardo Di Caprio, Al Pacino, Quentin Tarantino, John Travolta, Martin Scorsese, Rodolfo Valentino.

## 14 Nuovi italiani

1 b **Nely** ha lasciato le Filippine perché guadagnava troppo poco, dice che all'inizio non è stato facile, ma non spiega quali difficoltà ha avuto; l'aiuta a integrarsi probabilmente l'accoglienza da parte della famiglia in cui lavora e il suo spirito di iniziativa: vuole fare la patente e imparare il dialetto. **Assad** è venuto probabilmente per cercare lavoro, ha avuto difficoltà per esempio a trovare casa, adesso la sua famiglia è integrata (probabilmente anche grazie all'impegno sociale della moglie), ma i figli hanno difficoltà ad accettare le origini marocchine. **Alexandra** ha lasciato la Romania a causa della dittatura, l'hanno aiutata a integrarsi la cultura d'origine, vicina a quella italiana, e le iniziative dell'oratorio; nota ancora diffidenza. **Amadou** è venuto in Italia perché in Senegal non aveva lavoro; i suoi problemi, non precisati, sono probabilmente legati ai due anni di clandestinità e alla necessità di mantenere tre figli; lo aiuta ad integrarsi probabilmente la fiducia nelle istituzioni democratiche.

2 a **1** Ma ormai molti immigrati regolari...; **2** A fare notizia sono...; **3** Verso la fine del XX secolo...; **4** Anche la politica fa passi avanti; **5** Il cammino verso l'integrazione...; **6** Molto più numerosi...

## 15 Cervelli contemporanei

1 b **1** Fermi; **2** Rubbia; **3** Dulbecco; **4** Levi-Montalcini; **5** Hack; **6** Montessori

c **Soluzione possibile:** hanno tutti una formazione scientifica (Fermi e Rubbia: fisica; Dulbecco, Levi-Montalcini, Montessori: medicina; Hack: astronomia); M. Montessori è l'unica a essersi occupata anche di scienze umane (educazione); Fermi, Dulbecco e Levi-Montalcini hanno lavorato per molto tempo negli Stati Uniti, Rubbia e Hack prevalentemente in Europa; Rubbia e Levi-Montalcini hanno in comune la carica di senatori a vita; Fermi, Rubbia, Dulbecco, Levi-Montalcini hanno ottenuto il premio Nobel

3 b Si riferiscono a un nuovo tipo di emigrazione, quella di persone molto qualificate (per esempio ricercatori) che lasciano l'Italia e vanno all'estero.

## 16 Città e campanili

1 a

**1** campanile **2** cupola **3** facciata **4** portale **5** sagrato

2 a Il campanilismo è l'amore eccessivo per le tradizioni locali.

b Bergamo/Brescia, Brescia/Bergamo; Lecce; Trieste; Livorno; Siena; Roma; Milano

3 a Il campanilismo e le accese rivalità fra città e regioni nascono da secoli di lotte fra i piccoli stati o fra le città-stato che esistevano in Italia prima dell'Unità.

5 a Si parla di Trieste. Il Friuli Venezia Giulia e Trieste hanno la particolare caratteristica di essere da sempre multiculturali.

b Sant'Antonio Nuovo e San Spiridione.

6 b **Soluzione possibile:** per esempio la Valle d'Aosta, le zone del Piemonte che confinano con la Francia, il Trentino Alto Adige, regioni del Sud come la Sicilia e la Calabria che facevano parte della Magna Grecia.

Bolzano
TRENTINO
ALTO ADIGE
Trento
FRIULI-
VÉNEZIA
GIULIA
Udine
Gorizia
Trieste
Belluno
Pordenone
VENETO
Treviso
Vicenza
Verona
Padova
Venezia
Rovigo
Sondrio
Lecco
Bergamo
Como
Varese
Brescia
LOMBARDIA
Milano
Lodi
Cremona
Pavia
Mantova
Verbania
Novara
Biella
Vercelli
PIEMONTE
Torino
Asti
Alessandria
Cuneo
VALLE
D'AOSTA
Aosta
Genova
Savona
LIGURIA
La Spezia
Imperia
Piacenza
Parma
Reggio
nell'Emilia
Modena
Ferrara
Bologna
Ravenna
EMILIA-ROMAGNA
Forlì
Rimini
Pesaro
SAN
MARINO
Massa
Lucca
Pistoia
Prato
Pisa
Firenze
Livorno
Arezzo
TOSCANA
Siena
Grosseto
Ancona
Macerata
MARCHE
Ascoli Piceno
Perugia
UMBRIA
Terni
Teramo
Pescara
L'Aquila
Chieti
ABRUZZO
Viterbo
Rieti
LAZIO
Città del
Vaticano
Roma
Latina
Frosinone
Isernia
MOLISE
Campobasso
Foggia
Benevento
Caserta
CAMPANIA
Avellino
Napoli
Salerno
Potenza
Matera
BASILICATA
Bari
PUGLIA
Taranto
Brindisi
Lecce
CALABRIA
Cosenza
Crotone
Vibo Valentia
Catanzaro
Reggio Calabria
Messina
Palermo
Trapani
SICILIA
Enna
Caltanissetta
Catania
Agrigento
Siracusa
Ragusa
Olbia
Tempio Pausania
Sassari
Nuoro
SARDEGNA
Oristano
Lanusei
Sanluri
Carbonia
Cagliari

# Quellenverzeichnis

**S. 8:** Familie © Thinkstock/Goodshoot/Jupiterimages; Dolomiten © Thinkstock/iStock/Janoka82; Weinberg © fotolia/magann; San Remo © fotolia/andrzej2012
**S. 9:** Wandern © fotolia/Gerhard Reus; Risotto © Thinkstock/iStock/Kuvona; Concordia-Tempel, Agrigent © fotolia/jessicahyde; Fiat 500 © Thinkstock/iStock/Matteo De Stefano
**S. 10:** Kompass © fotolia/Dirk Schumann; Dolomiten © Thinkstock/iStock/Janoka82
**S. 11:** Padanien © fotolia/peggy; Ätna © Thinkstock/iStock/rz_design
**S. 12:** Craco © fotolia/Mi.Ti.; Collio © fotolia/zonch
**S. 13:** Landkarte © Alma Edizioni Florenz; Wein © Thinkstock/iStock/Scukrov; Zitrusfrüchte © Thinkstock/iStock/Natikka; Tomaten © Thinkstock/iStock/aberheide; Olivenöl © PantherMedia/Manav Lohia ; Mozzarella © fotolia/Lsantilli; Schokolade © fotolia/ppi09; Chili © Thinkstock/iStock/pixeldepot; Parmaschinken © Thinkstock/iStock/cynoclub; Pecorino © fotolia/Wolfgang Mücke; Mortadella © Thinkstock/iStock/angelo gilardelli; Parmesan © Thinkstock/iStock/prosot-photography; Radicchio © Thinkstock/AndreaAstes; Äpfel © Thinkstock/iStock/Maksym Narodenko; Grappa © Thinkstock/iStock/Oliver Hoffmann
**S. 14:** San Remo © fotolia/andrzej2012; Weinberg © fotolia/magann; Risotto © Thinkstock/iStock/Kuvona; Concordia-Tempel, Agrigent © fotolia/jessicahyde
**S. 15:** Zeichnungen: Virginia Azañedo, München; Stechpalme © Thinkstock/iStock/Easy_Asa
**S. 16:** Hufeisen © Thinkstock/iStock/Alexander Raths
**S. 17:** Fiat 500 © Thinkstock/iStock/Matteo De Stefano; Wandern © fotolia/Gerhard Reus; Umweltschutz © Thinkstock/Stockbyte
**S. 18:** Familie © Thinkstock/Goodshoot/Jupiterimages
**S. 19:** Costa Paradiso © fotolia/solberma
**S. 20:** Karneval, Venedig © Thinkstock/iStock Editorial/Razvan; Verona © Thinkstock/iStock Editorial/NickNick_ko; Kinder © Thinkstock/iStock/naumoid; Palazzo Madama, Rom © fotolia/fabiomax; Gardasee © Thinkstock/iStock/Sajjad Ali; Panettone © fotolia/Magdalena Kucova
**S. 21:** Picknick © Thinkstock/iStock/Olaf Speier; Rom © iStock/Nikada; Teatro Massimo, Palermo © iStock/boggy22; Vitruvianischer Mensch © fotolia/HP_Photo; Teatro San Carlo, Neapel © fotolia/photogolfer
**S. 22:** Gardasee © Thinkstock/iStock/Sajjad Ali; Italienkarte © fotolia/Kaarsten
**S. 23:** Italienkarte © fotolia/michal812; Flaggen © fotolia/lucazzitto
**S. 24:** Verfassung © fotolia/al62; Atom-Referendum © fotolia/goccedicolore
**S. 25:** oben & unten links © Thinkstock/iStock Editorial/dallapozzam@virgilio.it; oben Mitte & rechts © fotolia/fabiomax; unten rechts © iStock/maakenzi
**S. 26:** Rom © iStock/Nikada
**S. 27:** Geigenbauer © iStock/ilbusca; Benetton © iStock/BOSCA78; Made in Italy © fotolia/Albachiaraa; Gucci © iStock/PaoloGaetano
**S. 28:** Ferrari © iStock/gmalandra; Manzano © iStock/Robert Pavsic; Murano-Glas © Thinkstock/iStock/Ivo Balderi; Geige © Thinkstock/iStock/BrendaLawlor; Keramik © Thinkstock/iStock/siculodoc; Krippenfiguren © fotolia/Vincenzo De Bernardo
**S. 29:** Goldschmied © Thinkstock/iStock/Igor Gratzer
**S. 30:** Musiknoten © Thinkstock/Photodisc/Ryan McVay
**S. 31:** Scala, Mailand © Thinkstock/iStock/sailstudio; Teatro La Fenice, Venedig © Thinkstock/iStock Editorial/sedmak; Teatro San Carlo, Neapel © fotolia/photogolfer; Arena, Verona © Thinkstock/iStock Editorial/NickNick_ko
**S. 32:** Teatro Massimo, Palermo © iStock/boggy22
**S. 33:** Domenico Modugno © fotolia/scarcioffo
**S. 34:** Lucio Dalla © Thinkstock/Getty Images Entertainment/Pascal Le Segretain
**S. 35:** Adriano Celentano © Thinkstock/Getty Images Entertainment/Vittorio Zunino Celotto; Elisa © imago/Italy Photo Press
**S. 36:** Arzt © Thinkstock/iStock/monkeybusinessimages; Krankenwagen © iStock/nullplus; Gesundheitskarte © Giulia de Savorgnani
**S. 37:** Ambulanz © Glow Images/Deposit Photos
**S. 38:** Rettungshubschrauber © fotolia/Matteo Gabrieli
**S. 39:** Flieger © fotolia/Barbadav; ANPI © imago/Matteo Gribaudi
**S. 40:** Mimose © fotolia/zexis
**S. 41:** Montecassino © fotolia/HANA76
**S. 42:** 1 © Thinkstock/iStock/liosc; 2 © fotolia/Gerhard Seybert; 3 © iStock/pambonello; 4 © Thinkstock/iStock/Olaf Speier; Engelsburg, Rom © Thinkstock/iStock/StockPhotoAstur; Karneval, Venedig © Thinkstock/iStock Editorial/Razvan
**S. 43:** Kinder © Thinkstock/iStock/naumoid; Kolosseum, Rom © Thinkstock/iStock/bukki88
**S. 44:** 1 © fotolia/Marzia Giacobbe; 2 © fotolia/Magdalena Kucova; 3 © fotolia/vpardi; 4 © Thinkstock/iStock/Lusoimages; Olivenzweig © Thinkstock/iStock/Antonio Gravante
**S.45:** 1 © iStock/Scott Kochsiek; 2 © iStock/wsfurlan; 3 © Thinkstock/iStock/Vladimir Jovanovic; 4 © Thinkstock/iStock/Nome Cognome; 5 © iStock/Michal Szwedo; 6 © iStock/jbrizendine
**S. 46:** Trommler © fotolia/Shjmyra
**S. 47:** Guglielmo Marconi © Thinkstock/iStock/the_guitar_mann; Vitruvianischer Mensch © fotolia/HP_Photo
**S. 48:** Nave Scuola Vespucci © Alessandro Rossi, Roma
**S. 49:** Amerigo Vespucci © iStock/jpa1999
**S. 50:** Giro d'Italia © iStock/william87; Eismann © PantherMedia/Daniel Olivier; Manarola, Cinque Terre © Thinkstock/iStock/Janoka82; Kinder © PantherMedia/Wavebreak Media Ltd; Franz von Assisi © fotolia/tauav
**S. 51:** San Gimignano © Thinkstock/iStock/LianeM; Fan © iStock/SeanShot; Radio © fotolia/cherryandbees; Musiker © Thinkstock/iStock Editorial/Tahoo_gok; Florenz © Thinkstock/iStock/alkir
**S. 52:** Wahl © fotolia/Gina Sanders; Homeoffice © iStock/Mark Bowden; Personalausweis © Giulia de Savorgnani, Regensburg
**S. 55:** Familie © Francesco de Savorgnani, Gorizia (2x); Familie Mitte © interfoto/Archiv Friedrich
**S. 56:** Familie © Thinkstock/Wavebreak Media; Oma mit Enkel © Thinkstock/iStock/omgimages
**S. 57:** Oma mit Enkelin © Thinkstock/iStock/SilviaStingi
**S. 58:** Fußball © iStock/Christopher Futcher
**S. 59:** Giro d'Italia © iStock/william87
**S. 60:** Nationalmannschaft © PantherMedia/katatonia; Fan © iStock/SeanShot
**S. 61:** Genua © fotolia/Gianni Caito; Venezien © Thinkstock/iStock/vesilvio; Spanische Treppe, Rom © fotolia/Vladimir Khirman
**S. 62:** Mailand © Thinkstock/iStock/pcruciatti; Barilla © PantherMedia/Antony McAulay; Fiat © Thinkstock/Getty Images News/Giuseppe Cacace; Pirelli © PantherMedia/Jon Segui
**S. 63:** Olivetti © iStock/seraficus
**S. 64:** a © Thinkstock/iStock/Jennifer Barrow; b © Thinkstock/iStock/LianeM; c © Thinkstock/iStock/Janoka82; d © Thinkstock/iStock/Mauio1
**S. 65:** San Gimignano © Thinkstock/iStock/LeeYiuTung; Vernazza © Thinkstock/iStock/Janoka82
**S. 67:** Cinecittà, Rom © fotolia/MarcoCrupi
**S. 68:** Paolo Sorrentino © Getty Images/Kevork Djansezian
**S. 69:** Sophia Loren & Monica Bellucci © iStock/EdStock
**S. 70:** Zucchero © PantherMedia/ATLANTISMEDIA
**S. 71:** Gianna Nannini © PantherMedia/Karin Wallauer
**S. 72:** Musiker © Thinkstock/iStock Editorial/Tahoo_gok
**S. 73:** RAI © fotolia/Comugnero Silvana
**S. 74:** Moderatorin © Thinkstock/Fuse; Jugendliche © Thinkstock/Photodisc/David De Lossy
**S. 75:** Radio © fotolia/cherryandbees
**S. 76:** Florenz © Thinkstock/iStock/StevanZZ; Comer See © Thinkstock/iStock/elisalocci; Franz von Assisi © fotolia/tauav
**S. 77:** Dante © fotolia/geco; Petrarca © fotolia/Georgios Kollidas
**S. 78:** Manzoni © iStock/ZU_09; Leopardi © fotolia/nickolae
**S. 79:** Pinocchio-Park, Collodi © PantherMedia/sansa55
**S. 80:** Illustration © DIE ZEIT #30/2003/Wieslaw Smetek
**S. 81:** Petersdom, Rom © Thinkstock/iStock/extravagantni
**S. 82:** Vittorio Emanuele II-Denkmal © iStock/Nikada; Sacrario di Redipuglia © fotolia/Stefano Gasparotto
**S. 83:** Italienkarte © Digital Wisdom
**S. 84:** Görz © Rosa Tucci, Gorizia
**S. 85:** Berlusconi © Thinkstock/Getty Images News/Junko Kimura; Verfassung © fotolia/al62
**S. 86:** Craxi © fotolia/Mushy; Euro © Thinkstock/iStock/Jakub Krechowicz
**S. 87:** Pass © Thinkstock/iStock/MatteoCozzi
**S. 88:** Italienische Emigranten © Thinkstock/Photos.com
**S. 89:** LaGuardia Airport © iStock/EdStock
**S. 90:** Eisverkäufer © PantherMedia/Daniel Olivier
**S. 91:** von links © iStock/piccerella; © Thinkstock/iStock Editorial/piccaya; © Thinkstock/iStock Editorial/ArtPhaneuf; © Thinkstock/iStock/Denis Barbulat
**S. 92:** Schild © fotolia/Designer_Andrea; Kinder © PantherMedia/Wavebreak Media Ltd
**S. 93:** Pass © fotolia/Fidelio; Lampedusa © fotolia/Naeblys
**S. 94:** Fermi © PantherMedia/konstantin32; Levi-Montalcini © Getty Images/Mondadori Press
**S. 95:** Maria Montessori © PantherMedia/candyman; Tafel © fotolia/Coloures-pic
**S. 96:** Universität Bologna © Thinkstock/iStock/Banet12
**S. 97:** Santa Maria del Fiore, Florenz © Thinkstock/iStock Editorial/AndreiRybachuk; Palio di Siena © Thinkstock/iStock/rgbdigital
**S. 98:** Florenz © Thinkstock/iStock/alkir
**S. 99:** Triest © Thinkstock/iStock/Bepsimage
**S. 109:** Florenz © Thinkstock/iStock Editorial/AndreiRybachuk
**S. 110:** Landkarte © iStock/pop_jop
**S. 111:** Landkarte © Digital Wisdom